"TERRES D'AVENTURE"
série dirigée par Marc de Gouvenain

TERRES D'AVENTURE – ACTES SUD
CONCEPTION : MARC DE GOUVENAIN ET BERTRAND PY
Série éditée avec la collaboration
d'Hervé Derain et Daniel Popp

Les manuscrits sont à adresser à Actes Sud,
Le Méjan, place Nina-Berberova 13200 Arles.
Informations presse : Régine Le Meur ; tél. 66 83 20 22.
Informations libraires : tél. 90 49 86 91.

Informations voyages : agence Terres d'aventure,
6, rue Saint-Victor, 75005 Paris, tél. 1. 53 73 77 77.

MAJÂBAT AL-KOUBRÂ

ŒUVRES DE THÉODORE MONOD

LE LIVRE DES MARTYRS, "Vie des saints", extrait du martyrologe protestant de Jean Crespin, La Cause, Neuilly, 1930.

L'ADRAR AHNET : CONTRIBUTION A L'ÉTUDE ARCHÉOLOGIQUE D'UN DISTRICT SAHARIEN, Institut d'ethnologie, Paris, 1932.

MÉHARÉES, EXPLORATIONS AU VRAI SAHARA, Je sers, Paris, 1937 ; deuxième édition 1947 ; nouvelle édition Actes Sud, Arles, 1989 ; "Babel" n° 102.

LIVRE DE PRIÈRES (tiers ordre des Veilleurs), Labore et Fides, Genève, 1937.

BATHYFOLAGES, PLONGÉES PROFONDES, Julliard, Paris, 1954 ; nouvelle édition *(Plongées profondes)* Actes Sud, Arles, 1991.

LES DÉSERTS, Horizons de France, Paris, 1973.

NOTES SUR GEORGES GLAS (1725-1765), fondateur du port Hillsborough (Sahara marocain), Anuario de Estudios atlánticos, Madrid-Las Palmas, 1976.

DE TRIPOLI A TOMBOUCTOU : LE DERNIER VOYAGE DE LAING, 1825-1826, Geuthner, Paris, 1977.

L'ÎLE D'ARGUIN (MAURITANIE), essai historique, Centro de Estudos de cartografia antiga, Lisbonne, 1983.

L'ÉMERAUDE DES GARAMANTES, SOUVENIRS D'UN SAHARIEN, première édition L'Harmattan, Paris, 1984 ; nouvelle édition Actes Sud, Arles, 1992.

DÉSERT LIBYQUE (NOTES DE VOYAGE), Etudes sahariennes et ouest-africaines, Nouakchott/Paris, 1989.

SORTIE DE SECOURS, coll. "Les Raisons de la colère", Seghers, Paris, 1991.

BALLADE DE MES HEURES AFRICAINES, éditions Babel, Mazamet, 1993.

VIE ET MORT AU DÉSERT, entretiens avec Catherine Béchaux, coll. "Petit Point", Seuil, Paris, 1993.

L'HIPPOPOTAME ET LE PHILOSOPHE, Actes Sud, Arles, 1993.

MAXENCE AU DÉSERT, Actes Sud, Arles, 1995.

En collaboration :

"LE MONDE NOIR", numéro spécial de *Présence africaine*, dirigé par Théodore Monod, Paris, mars 1950.

ANTOINE RISSO 1737-1845, avec J.-C. Hureau *et al.*, Nice, 1978.

LA CARAVANE DU SEL, avec J.-M. Durou et Joël Jaffre, Denoël, Paris, 1978.

SAHARA, DÉSERT MAGIQUE, avec J.-M. Durou, AGEP, Marseille, 1986 ; deuxième édition, 1987 (et éd. anglaise, *Sahara Magic Desert*, 1986).

DÉSERTS, avec J.-M. Durou, AGEP, Marseille, 1988.

MÉMOIRES D'UN NATURALISTE VOYAGEUR, avec I. Jarry et J.-M. Durou, AGEP, Marseille, 1990.

LE FER DE DIEU, HISTOIRE DE LA MÉTÉORITE DE CHINGUETTI, avec B. Zanda, Actes Sud, Arles, 1992.

DIEUX D'AFRIQUE, avec R. Bastide, Revue noire, 1995.

ISBN 2-7427-0749-2

Photographie de couverture :
Luc Marescot,
Théodore Monod dans la Majâbat al-Koubrâ

Théodore Monod

MAJÂBAT AL-KOUBRÂ

en collaboration avec Marc de Gouvenain

ACTES SUD
HUBERT NYSSEN ÉDITEUR

INTRODUCTION

Le Rub al-Khâli d'Arabie est universellement connu comme l'un des déserts les plus gigantesques par sa surface et le plus aride par son climat. On ignore volontiers par contre que le Sahara occidental comporte lui aussi un "Empty Quarter" de dimensions océaniques – mille kilomètres sur cinq cents – totalement dépourvu de points d'eau et sablonneux d'un bout à l'autre.

Les éditions Actes Sud ont judicieusement pensé qu'il était bon de faire enfin connaître à un large public l'existence de ce Rub al-Khâli saharien, auquel j'avais déjà consacré en 1958 un important volume*, inaccessible d'ailleurs à la majorité des lecteurs par son caractère technique. Il allait donc falloir inventer autre chose et l'on doit donc savoir le plus grand gré à Marc de Gouvenain d'avoir bien voulu, au prix d'un travail très considérable, extraire du gros volume de 1952 les éléments considérés comme pouvant retenir l'attention d'un public non spécialisé. Sa contribution constitue certainement un effort dont l'intelligence et les qualités littéraires doivent être soulignées.

Si le travail de Marc de Gouvenain constituait l'essentiel du présent volume, il allait être facile de compléter

* Théodore Monod, "Majâbat al-Koubrâ, contribution à l'étude de l'«Empty Quarter» ouest-saharien", *Mémoires IFAN*, Dakar, 1958, 4°, p. 408.

celui-ci à la fois par le récit d'une des explorations passées et par celui de mon dernier voyage chamelier au long cours, celui de 1993-1994.

J'ajoute que la bibliographie de ce volume fera connaître au lecteur un certain nombre de références concernant le présent sujet et je signale, par exemple, les chapitres touchant le "long cours" dans mon ouvrage : *L'Emeraude des Garamantes.*

THÉODORE MONOD

UNE POIGNÉE DE SABLE
DE LA MAJÂBAT AL-KOUBRÂ

J'ai regroupé sous ce titre l'essentiel de "Majâbat al-Koubrâ, contribution à l'étude de l'«Empty Quarter» ouest-saharien", Théodore Monod, *Mémoires IFAN*, Dakar, 1958, et de : "Le «Ma'den Ijâfen», une épave caravanière ancienne dans la Majâbat al-Koubrâ", Théodore Monod, *Actes du Premier Colloque international d'archéologie africaine*, Fort-Lamy (république du Tchad), 11-16 décembre 1966. Ainsi que les suppléments *Bull. de l'IFAN*, t. XXIII, sér. A, n° 3, 1961, t. XXVI, sér. A, n° 4, 1964 et t. XLII, sér. A, n° 1, 1980. Interviennent également des éléments issus de plusieurs conversations enregistrées entre Théodore Monod et moi-même au cours du printemps et de l'été 1994, dans lesquelles revenait l'image d'une poignée de sable, thème qui m'a semblé pouvoir servir de lien pour une vulgarisation d'un ouvrage scientifique, relatée à la première personne du singulier, l'auteur étant Théodore Monod. Ces pages, comme la totalité de l'ouvrage proposé ici au lecteur, lui ont été lues et nous en avons à plusieurs reprises discuté jusqu'à l'élaboration dans sa forme de "Une poignée de sable de la Majâbat al-Koubrâ" en particulier et du présent volume dans son entier. Je me permets humblement ici de remercier "Monsieur Monod" d'avoir accepté cette présentation d'une région du monde qu'il a faite sienne et dans laquelle, fort d'un utile petit bagage de quelques années d'études de sciences naturelles, je me suis plongé avec passion.

MARC de GOUVENAIN

NOTA BENE. Cet ouvrage regroupant des textes écrits par Théodore Monod à différentes dates ainsi que des citations d'autres auteurs, l'orthographe des noms de lieux ou particularités locales peut-être sujette à des variations.

Les gens du Hodh avaient jadis une légende qui situait une oasis inconnue, composée d'un bouquet de palmiers, quelque part dans le nord de l''aklé. Cette légende excitait mes goumiers quand nous cheminions entre les grands aghrâd de l'Aouana : les palmiers n'allaient-ils pas apparaître au détour d'un prochain mehouen ? N'étaient-ils pas cachés dans celui que nous devinions s'amorcer derrière un autre ghord lointain et où nous savions que nous n'irions jamais ? En fait, nous savions bien tous qu'il n'y avait nulle part de palmiers, mais le mystère entretenait notre élan et nous donnait le pas plus ferme pour attaquer la dune suivante…

Ainsi en est-il de tout le Djouf et c'est pourquoi je ne cesse jamais de me poser des questions sur ce qu'il nous cache…

Lieutenant SEVENET,
"Etude sur le «Djouf» (Sahara occidental)", 1948.

I

OÙ LE CHERCHEUR RAMASSE UNE POIGNÉE DE SABLE ET SE PENCHE SUR L'HISTOIRE DU LIEU

Le paysage est d'une effroyable monotonie. Horizontal, plan. Dans cet espace quasi exclusivement sablonneux qu'est la Majâbat al-Koubrâ, aucun rocher d'un roux brûlé n'apporte sa touche dans le jaune-gris omniprésent, nul relief ne vient dresser sa contradiction à l'horizontale, à ce monde aplati. Relief, ici, cela veut tout au plus dire des rides de sable hautes de quelques mètres, allongées sur des centaines, des milliers de mètres, répétées aussi sur le mode du millier. Une bosse puis un creux, indéfiniment. Un creux puis une bosse, jusqu'à l'extrême lassitude, pendant des semaines et des semaines. Je parle en connaissance de cause, car si cet espace est devenu ce que d'aucuns appelleraient mon "jardin secret", c'est moins parce que je l'ai fréquenté de nombreuses fois, que parce que je l'ai parcouru au pas d'un dromadaire, juché contre sa bosse, ou beaucoup plus simplement à pied, tenant par la bride le susdit animal.

La Majâbat al-Koubrâ, pour la situer rapidement avant de la mieux connaître au fil des pages qui suivent, est ce grand no man's land joignant les Saharas mauritanien et malien. Disons plus simplement encore : un bout du sud-ouest du Sahara. Une surface d'environ mille kilomètres de long sur cinq cents de large. Un espace grand comme la moitié de la France. "Petit !" diront certains à notre époque où trains et automobiles sillonnent intempestivement et avec vélocité un pays que l'on ne sait plus apprécier à sa juste taille. Mais que l'on essaie de se représenter une moitié de France qui serait vide de tout, ou pratiquement : routes, habitants, constructions humaines, manifestations végétales, et dans laquelle ne se trouve aucun point d'eau, pas un seul arbre – actuellement du moins –, pas de cailloux, rien que du sable, du sable à gros grain qui, il faut en convenir, rend la marche facile, agréable quand, comme ce fut souvent le cas pour moi, je foulai ce sol d'un pied aussi alerte que nu.

Quand je parcourus donc, et plusieurs fois, cette Majâbat al-Koubrâ – littéralement : étendue de la Grande Solitude –, autrement nommée par d'autres ainsi que nous le lirons plus bas, j'avais un but, selon moi essentiel et sans lequel aucun voyage n'a d'intérêt : l'étude scientifique. Et par là j'entends – mes carnets en témoignent – le ramassage systématique de tout artefact : insecte, plante, caillou ordinaire ou caillou dont la présence étonne, un répertoriage soigneux des roches, croquis descriptifs d'affleurements, dénombrement des cordons dunaires, puis aussi une numérotation efficace des échantillons prélevés, le compte rendu des températures, des heures de lever, de départ et d'arrivée, du nombre de traces de tel ou tel animal croisées, des quantités de boisson absorbées et restituées… Bref, de tout ce qui constitue une vision scientifique du monde, jamais ou le moins possible dépendante de l'observateur, et se refusant systématiquement à tenir compte des états d'âme de celui-ci, de son degré de fatigue ou de ses velléités poétiques ou esthétiques dans des sites qui, fréquemment, mériteraient d'être plus accessibles aux peintres. Pour moi, cette étude scientifique, que d'aucuns considèrent austère ou charabiesque, est ce qui peut emplir un lieu vide à première apparence, donner un langage à l'indicible, enrichir un espace, si pauvre soit-il au premier regard et, cela n'est pas contradictoire, autorise parfaitement l'imaginaire, voire aide à le développer. C'est à ce décryptage pluridisciplinaire de la

Majâbat que je convie maintenant le lecteur, en lui offrant de partager le repas des chameliers : galette au sable et thé à la menthe, assaisonné de botanique, géologie, histoires naturelles et histoires véridiques, le tout sucré ou salé à l'hypothèse et au souvenir.

L'heure est venue de poser le campement du soir, celui qu'on ne dresse pas puisque soi-même l'on n'est pas nomade ni ne désire transporter la lourde tente en poil de chameau qui, de toute façon, lorsqu'elle est dressée quelque part l'est pour longtemps. Pas de tente donc car il faut être très léger pour pratiquer ce sport dont durant une vie entière je fus l'adepte : la marche au désert, et parfois le champion dans la sous-discipline "traversées au long cours".

Poser dis-je, et bien souvent laisser tomber, le paquetage puis la selle, en ne réceptionnant avec délicatesse, voire tendresse, que les sacs contenant le matériel fragile : thermomètre, piluliers, planches des herbiers, et plus souplement encore, avec respect : les outres d'eau, ces guerbas faites d'une peau de chèvre, dont l'absence ou la présence sont synonymes de vie ou de mort bien sûr, mais qui, dans cet univers minéral immense, signifient surtout présence humaine. Il n'existe point le fou qui s'aventurerait sans s'en munir. Le campement, c'est l'endroit où l'on a décidé de s'arrêter pour la nuit, pas forcément choisi parce que l'endroit est sympathique à l'œil ou en accord avec un horaire idéal mais beaucoup plus pour ses qualités nutritives, au goût des dromadaires s'entend. Pas question ici, bien sûr, d'une grasse prairie parsemée de boutons-d'or, les montures se contentent fort heureusement de malaxer entre leurs dents noyées dans des gencives de vieillard, doublées de babines à l'air débonnaire, quelques touffes de hâdh ou de sbot ; et les creux du terrain suffiront à border la couche du chercheur, en tout point semblable à celle des chameliers.

Arrivé en ce lieu qui dorénavant, puisque répertorié, affublé au moins d'une heure d'arrivée et d'une température, sera un peu plus qu'un point quelconque de l'immensité sablonneuse, la première chose que l'on fait, c'est de ramasser une poignée de sable et de la laisser s'écouler hors de la main tendue, et cela pour voir d'où vient le vent. Le lecteur perspicace m'interrompra sans doute ici pour me faire remarquer que ce lâcher n'est pas indispensable car, invétéré curieux pluridisciplinaire, je suis censé savoir que dans ces contrées le vent souffle en permanence du nord-est, charriant inlassablement, grain par grain, des milliers de tonnes, modelant les paysages, érodant les formations rocheuses (périphériques à la Majâbat), ensevelissant les touffes de hâdh, contraintes de ce fait à la reptation, estompant les derniers os d'un squelette d'addax, recouvrant pour longtemps de sa chape les chargements abandonnés par une caravane en difficulté... Oui, lâcher cette poignée de sable tient plus du rite qu'autre chose, de l'opportunité d'échanger quelques mots avec ses camarades de voyage ; et, connaissance ou pas, en fonction de la direction du vent ce jour-là, on bascule les selles de chameau de manière à pouvoir disposer la tête dans le troussequin. La selle maure, puisque c'est elle qu'on utilise dans cette région occidentale du Sahara, ne tient pas debout comme la selle touareg, alors on la bascule, la redresse – ainsi elle protégera du vent. A ce premier élément de mobilier viennent s'ajouter les tassoufras, les sacs en peau, les bagages, de manière à former une muraille. Chacun creuse un alvéole dans l'axe de sa selle, y étend son sac de couchage, le pied dirigé vers le feu, allumé sous le vent bien entendu si l'on ne veut pas, déjà desséché par le soleil de la journée, mourir grillé la nuit dans l'incendie d'une couverture, d'une épaisse djellaba en laine flairant bon le mouton ou – je l'ai découvert assez tardivement – d'un confortable sac de couchage. Déjà les chameliers ont disposé sur les flammes la bouilloire pour le thé, le premier thé du soir, puis viendra le tour de la marmite pour le riz, élément quasi permanent du menu unique.

Plus tard, l'estomac rassasié, allongé sous les étoiles, prêt à sombrer dans le sommeil, on songe alors en souriant à cette poignée de sable, si ordinaire et cependant si caractéristique qu'en elle se concentrent tous les aspects du désert.

Cette poignée on l'a arrachée à une surface dont elle n'est qu'une infinitésimale fraction, mais ici, contrairement à d'autres paysages, une fraction parfaitement représentative du tout. Du sable dans la main, un petit désert au creux de la paume et, autour, la même chose en démesuré et qui correspond on ne peut mieux à l'archétype du désert : une immensité de sable.

Si surprenante que puisse paraître la chose, il n'existait pas, avant que j'entreprenne l'étude systématique de ce territoire, de ces deux cent cinquante mille kilomètres carrés qui sont sans doute les plus inhospitaliers du désert mauritano-soudanais, il n'existait pas de nom global, les nomades n'ayant apparemment jamais éprouvé le besoin de consacrer par le vocabulaire l'unité d'un ensemble dont seuls devaient les intéresser les aspects régionaux.

En effet, si les divers groupes de chasseurs d'addax s'avancent bien chaque hiver en direction du Mreyyé, qui du nord-ouest (Adrâr), qui du sud-est (Arawân), qui du sud (Akwâr-Hawdh), ils ne traversent pas de part en part le no man's land et ne sauraient avoir acquis par une connaissance directe la notion d'un ensemble cohérent, définissable et méritant de se voir distingué par un nom général.

Les seuls "usagers" à avoir régulièrement traversé d'un bord à l'autre étaient, depuis la disparition des caravanes du Moyen Age, les ghazzieurs du nord, Rgeybât en particulier, et l'on pouvait supposer que

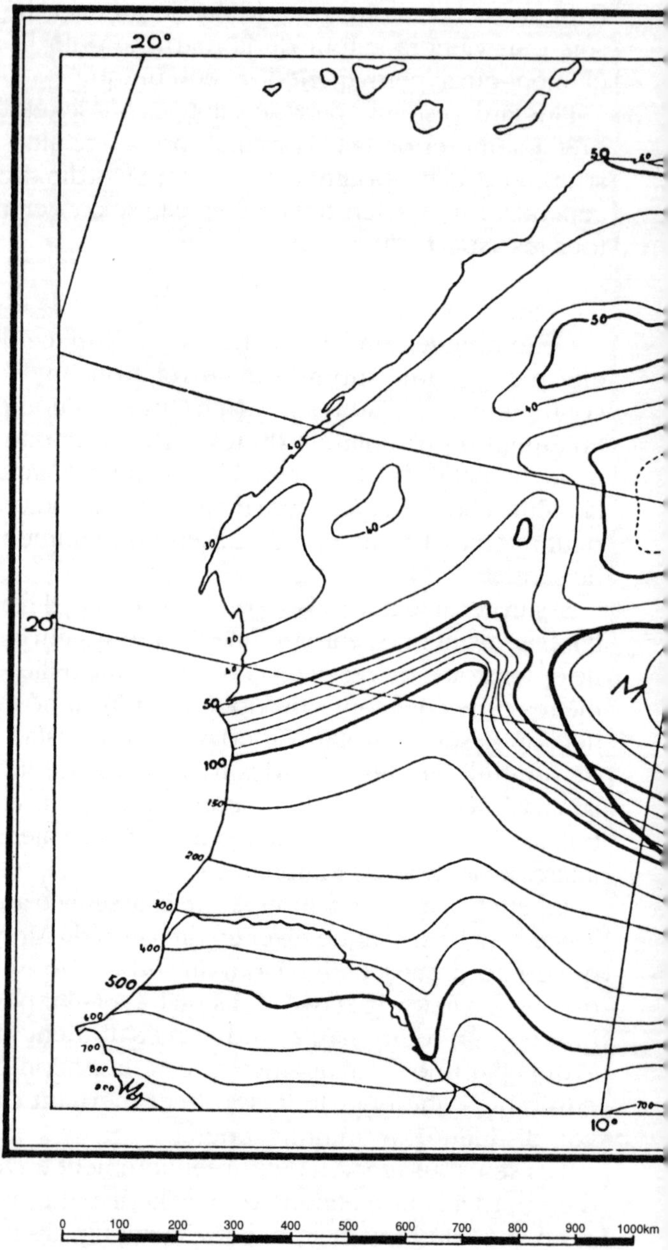

20°
20°
10°
50
40
60
30
10
20
50
100
150
200
300
400
500
600
700
800
900
700
0
100
200
300
400
500
600
700
800
900
1000km

Situation générale de la Majâbat dans l'ensemble saharien.

ces derniers tout au moins eussent possédé un mot pour désigner ce “pays blanc” séparant pour eux les “pays noirs” rocheux, de l’Adrâr et du Hank de ceux du Dahr Tîchît Walâta, et ce d’autant plus que la traversée de la zone sablonneuse représentait un parcours fortement caractérisé dans son aspect visuel d’une part et, d’autre part exigeait un effort très particulier du fait de l’absence de points d’eau sur cinq cents kilomètres au moins.

L’idée de donner un nom à une étendue vide peut paraître inutile mais les chercheurs sont ainsi faits et le débat n’est ici pas de mise. Faute d’un terme local en usage, plusieurs solutions apparaissaient donc quand, en 1953, j’entrepris de m’intéresser à la région, et la liste qui suit montre à quel point il faut être précautionneux :

a) une appellation purement géographico-administrative comme “Mauritanie nord-orientale” (ou “orientale”), à mon avis trop vague et, sur les confins maliens, inadéquate ;

b) une appellation déjà définie, celle de “Djouf” donnée par l’explorateur Heinrich Barth, mais improprement puisque, d’une part : un toponyme existait à moindre échelle dans le même ensemble et que, d’autre part : il s’agit d’un mot commun, signifiant dépression ou simple cuvette entourée de reliefs rocheux. Le lieutenant Sevenet se résignait à Djouf en le mettant entre guillemets, en ajoutant que le mot était “symbole de notre ignorance” mais “facile à retenir”. Il va de soi que je ne pouvais le suivre jusque-là et me devais de dénoncer un mot qui avait fait fortune, mais une fortune frauduleuse ;

c) une appellation zoologique comme “Addaxia”, ou “pays des Addax”, qui a son charme, certes, mais ne peut être envisagée puisque ces animaux typiques s’étendent bien plus à l’est encore ;

d) une appellation humaine comme “pays des Gwamîr”, encore que le terme couvre bien mal certaines zones méridionales comme l’Adâfer el-Akhdar ou simplement les régions centrales, où les Gwamîr eux-mêmes ne semblent guère pénétrer. Ajoutons ici que, biologiquement "Pays agyne", c'est-à-dire sans femmes, était exact ;

e) la reprise arbitraire d'un terme historique comme la "Grande Traversée" d'Al-Bakri (al Majâbat al-Koubrâ) (cf. pages 16 et 25) ;

f) l'adoption d'un nom fictif, de pure convention, comme "No man's land", au risque de le voir abrégé, au goût du jour, en NML, ou, par symétrie avec l'Arabie, "Empty Quarter" ;

g) le recours à une définition structurale telle que "cuvette Warân-Mreyyé", à la fois incomplète et un peu lourde, il faut en convenir.

A la réflexion, le lecteur l'a compris, j'ai adopté l'appellation Majâbat al-Koubrâ, sans prétendre qu'elle vienne recouvrir adéquatement notre domaine car, en fait, l'acception que lui donne l'auteur demeure très vague. Sans doute le terme est-il totalement ignoré des nomades, mais n'en va-t-il pas de la même manière un peu partout sur notre globe ? Et l'on pardonnera, je l'espère, cette outrecuidance, qui ne fut que l'hommage d'un voyageur respectueux à un géographe illustre qui l'avait précédé.

Mais avant de revenir sur l'histoire, je me dois, pour être clair, de préciser les limites de cette Majâbat et, oubliant les incertitudes marginales, je me contenterai ici de fournir quelques renseignements, volontairement très sommaires (voir carte pages 40-41).

Au nord, la Majâbat est limitée par l'Aregchâch. Au nord-ouest, les plateaux gréseux de l'Adrâr paléozoïque constituent une limite particulièrement nette mais, vers l'ouest, où le socle rocheux et la dune sont inextricablement mélangés, force nous sera de recourir à une définition un peu arbitraire plaçant la frontière de la Majâbat à l'ouest des 'aklés des M'armât.

Au sud-ouest, les incertitudes subsistent, pour cette même raison d'absence de réelle solution de continuité géologique, mais aussi pour des raisons botaniques.

Vers le sud, on peut accepter pour limite la falaise du Dahr Tîchît-Walâta.

Au nord-est et à l'est, les incertitudes ne s'avèrent pas moindres et il va sans dire que ce ne sera pas le tracé de la piste Tinbouktoû-Arawân-Tâwdanni, œuvre de l'homme, qui servira de limite à un monde qui n'a pas d'âge et surtout pas celui de l'espèce turbulente qui peuple notre planète et s'évertue à la démolir. Cette piste, en effet, ne sert en rien de limite à des "pays" différents, mais au contraire en traverse de fort identiques de part et d'autre de son tracé. Il n'en est pas moins vrai qu'il n'est pas, pour l'homme, indifférent que les points d'eau soient quand même, à l'est du sentier, sinon plus nombreux, du moins un peu moins rares.

Parlant d'eau, et sa rareté en ce lieu fixe les repères plus efficacement que toute autre forme de discours, voilà peut-être une cartographie possible : celle qui circonscrit la Majâbat dans le polygone obtenu par la réunion, en ligne droite, des points d'eau suivants, en partant de l'ouest pour tourner dans le sens des aiguilles d'une montre : Wâdân, El Ghallâwîya, El-Mrâyer, El-Gçeyb, Arawân, Fagibin, Walâta, Tîchît, 'Ogeylet en-Nmâdî, Wâdân.

Délimitée de la sorte, cette zone sans eau, la Majâbat al-Koubrâ, couvre une superficie deux à trois fois inférieure à celle du Rub al-Khâli sudarabique, mais lui assure cependant une place encore honorable parmi les zones sans eau de notre planète.

Rien de surprenant, donc, à ce qu'une région privée d'eau sur d'aussi considérables distances – et par conséquent inhabitée – ne se soit vue abordée que tardivement par l'exploration européenne.

La pénétration française, à l'ouest sur l'Adrâr et ses confins, au sud sur l'axe Tîchît-Walâta, à l'est sur le méridien Tinbouktoû-Arawân-Tâwdanni, plus tard au nord sur le Hank et l'Aregchâch sud-occidental, se contentera, d'abord, de contourner le no man's land. Celui-ci, que des distances sans eau égales ou supérieures à cinq cents kilomètres interdisent aux troupes de l'époque, n'est encore entrevu que par renseignements et devra demeurer longtemps passablement mystérieux.

A vrai dire, on savait déjà depuis des siècles, par les géographes arabes, qu'il existait au cœur du Sahara occidental un vaste Empty Quarter de parcours difficile.

Al-Bakrî mentionne à deux reprises une Majâbat al-Koubrâ ou "Grande Traversée" qui, pour autant que l'on puisse juger de sa situation, représente sans doute, au moins *pro parte*, notre région. Par ailleurs, le même auteur cite, pour la première fois, le Warân, "région déserte et remplie de collines de sable".

Ibn Battoûta, lui, est plus explicite en écrivant, en 1352 : "Cette plaine est belle, brillante ; la poitrine s'y dilate, l'âme s'y trouve à l'aise et les voleurs n'y sont pas à craindre." Il raconte là son propre voyage, de Teghâza à Walâta. On fait provision d'eau, à Teghâza, pour dix jours, et l'on arrive à Tâçarahlâ, "lieu de dépôts, ou amas souterrains d'eaux fluviales ; les caravanes descendent dans cet endroit et y demeurent pour trois jours. Les voyageurs y prennent un peu de repos ; ils raccommodent leurs outres, les remplissent d'eau, et y cousent tout autour des tapis grossiers, par crainte des vents ou de l'évaporation. C'est de ce lieu que l'on expédie le takchîf [le messager] de la découverte."

Le messager devance la caravane sur Walâta et revient au-devant de celle-ci, à quatre jours de la ville. Walâta se trouve donc, puisque la caravane d'Ibn Battoûta a retrouvé son takchîf au bout de sept jours à 7 + 4 = 11 jours de Tâçarahlâ. Peut-on identifier ce point d'eau ?

Lorsque, en 1958, je publiai, dans les *Mémoires de l'Institut français d'Afrique noire*, ma "Contribution à l'étude de la Majâbat al-Koubrâ" qui sert en partie de base aux pages que je propose aujourd'hui, je m'attardais longuement sur les divers calculs de distance et de durée qui permettent d'essayer de répondre à la question ci-dessus posée. Je n'y reviendrai pas ici mais j'aimerais simplement que la curiosité qu'elle éveille chez le lecteur, du moins je l'espère, prouve à quel point l'étude scientifique a son charme. On arrive en un lieu et, curieux d'en connaître le nom on fait des recherches, tombe sur un voyageur ancien, lit ses textes, trouve des descriptions qui pousseront à savoir de quel lieu il parle, comment il voyageait, combien d'eau il emportait… Et voilà mise en branle la vaste mécanique de l'enrichissement de l'esprit.

Notons que la caravane d'Ibn Battoûta était en partie constituée de chevaux, animal qu'on ne voit plus depuis belle lurette dans la région. Pour le reste, rien n'a changé : Le-Mreyyé est toujours une plaine aussi "brillante" et les addax y sont encore nombreux espérons-le, bien que peut-être un peu plus méfiants, car Ibn Battoûta affirme que ces antilopes – ou "vaches sauvages" *(bagart el-wahchiyya)* – "viennent en troupe si près des hommes qu'on peut les prendre sans le secours de chiens ni de flèches". Et l'auteur ajoute : "Une chose curieuse c'est que, quand on tue ces animaux, on trouve de l'eau dans leurs ventricules. J'ai vu des Messoûfites presser un de ces viscères, et boire l'eau qu'il contenait." Là encore, les choses n'ont pas varié et, sans être messoûfite, il m'est arrivé plusieurs fois de boire de ce liquide jaunâtre pas absolument répugnant mais au goût légèrement alcalin. Car le chercheur, si végétarien soit-il, n'ayant pas toujours pu empêcher l'assassinat de ces beaux animaux par les affreux carnivores qui l'accompagnaient en ce désert, a cédé à sa curiosité d'une part et, d'autre part, à la possibilité d'économiser l'eau des précieuses guerbas. La manière de procéder à la récolte de cette “eau d’addax” est d’ailleurs étonnante. On creuse un trou dans le sable, on étale par-dessus la peau de l’addax, avec le poil en bas et le côté chair au-dessus pour que la nappe formée soit étanche. Par-dessus on dispose la tête de l’antilope, de façon que les cornes forment une sorte de fourche qui permettra d’étaler, perpendiculairement des branchettes de hâdh – je reparlerai de cette plante en son temps – qui feront office de filtre. Enfin, on pose sur ce lit des potées du magma que l’on a ramassé dans la panse. Le liquide suinte alors, s’écoule lentement à travers le filtre, on a le temps d’aller boire un thé par exemple, s’il fallait un prétexte pour le faire et puisque, heureusement pour moi et mes chameliers, jamais il n’a été question de survivre en utilisant ce moyen. Personnellement, je recommande de boire le jus d’addax, comment l’appeler autrement, quand il est frais, de bonne heure le matin. Et j’ajouterai que le magma égoutté sert aussi : il s’agit de cellulose prédigérée et qui par conséquent peut nourrir son dromadaire, surtout si l’on n’a aucune idée de ce qu’il pourra trouver à manger le lendemain. Le principe est celui du gavage de l’oie mais, contrairement à cette habitude répugnante, pour le bien de l’animal dans le cas qui nous occupe, même si ce dernier semble passablement dégoûté. On baraque son chameau, on se met face à lui, on prend le chameau par le nez, c’est-à-dire par sa lèvre supérieure et, de la main libre, on prend une potée de bouillie qu’on enfourne dans la gueule de l’animal. Qu’on essaie d’enfourner, du moins, car l’animal renâcle, secoue la tête de tous les côtés et éclabousse le pèlerin qui le nourrit pourtant d’un jus jaune dénué d’odeur heureusement et qui sèche vite en cette région. Reste ensuite à s’assurer du lent cheminement de la boule se frayant un chemin vers l’estomac, telle une grosse pomme d’Adam dont on accélère le passage avec forces pressions de la main.

L'un des procédés utilisés pour l'extraction de l'eau du contenu de la panse : celui-ci s'égoutte à travers un filtre de brindilles de hâdh et de paille de sbot (P. L. Dekeyser *del.*).

Et puis, parlant d'addax et étant définitivement éloigné de la poésie, me viennent à l'idée une curiosité et une anecdote. La curiosité est que l'urine d'addax possède certainement des propriétés méconnues car, là où un addax a uriné, le sable devient aggloméré, constitue un grès, une véritable roche que l'on pourrait appeler l'addaxite, roche friable certes mais réellement différente de ce que pourrait former un autre liquide dans le sable. L'anecdote, elle, restera dans le même domaine ! C'est celle de ce chercheur américain qui m'avait demandé de prélever de l'urine d'addax pour étude. Consciencieusement, et malheureusement, je profitai du massacre d'un de ces merveilleux animaux, gros comme un veau. Je remplis ainsi dix-huit flacons sur vingt puis, bien décidé à utiliser le matériel, à le rentabiliser diraiton de nos jours, j'en emplis un de ma propre urine, qualifiée sur l'étiquette d'urine de chrétien au désert puis, mon périple achevé et quelques jours passés, remplis le dernier flacon en l'étiquetant "urine de chrétien retourné à son régime hydrique normal". Jamais je n'ai été informé des études comparatives !

Mais, qu'on me le pardonne, tel le chasseur entraîné loin du campement par la fuite de l'antilope, je me suis éloigné, derrière le même animal, du sujet qui m'occupait : l'historique des reconnaissances dans la Majâbat.

Léon l'Africain, lui aussi, vint en ces contrées et parcourut deux fois la route classique Teghâza-Arawân-Tinbouktoû, en 1510 (?) et en 1512-1514. Il note le caractère "sec et maigre" du désert Zanzaga et l'existence d'une "plaine fort âpre et fâcheuse qui s'appelle Azarad où ne se trouve eau par l'espace de deux cens mile, ny habitation, commençant au puys de ce désert, jusques à celuy d'Aravan, qui est prochain de Tombut cent cinquante mile"... Nouvel éveil de la curiosité, nouveaux calculs et hypothèses puis une affirmation : le "puits d'Azawâd" doit être Bir-Ounân, à deux cent cinquante-cinq kilomètres d'Arawân.

Tout ceci demeure d'ailleurs assez marginal par rapport à la Majâbat, comme le restera l'expédition de Djouder en 1591. Il faudra attendre jusqu'en plein XIXe siècle pour avoir, et par renseignements, des données nouvelles.

Et c'est bien sûr le plus grand des explorateurs du Sahara qui va nous les apporter : Heinrich Barth.

Ses renseignements sont intéressants à double titre.

Ils témoignent, d'abord, de la surprenante information d'un voyageur qui, de Tinbouktoû, et en 1854, allait parvenir à décrire une bonne partie du Sahara occidental, à citer par exemple certains lieux-dits de l'Adrâr tels que Aws et Kider, plusieurs noms de variétés de dattes de Wâdân, et à consacrer un chapitre de son annexe aux *Reisen und Entdeckungen* aux "Maurische Stämme in A'derér".

Ils marquent, d'autre part, la naissance du mythe du Djouf, dont la fortune devait être si grande. Naissance d'ailleurs involontaire et fort explicable puisque, utilisant ce qualificatif de Djouf, "ventre" en arabe, pour la dépression des salines de Tâwdanni, Barth ne commet pas d'erreur géographique ni linguistique. L'ennui est que ce creux va s'agrandir chez ses successeurs, finira par s'étirer jusqu'en plein Mreyyé, et que l'opinion va s'accréditer qu'il existe là une cuvette topographique en se basant sur des lapalissades telles que "le Djouf est certainement une grande cuvette basse, comme semble l'indiquer son nom, qui signifie «le Ventre»" (E.-F. Gautier). L'erreur doit sembler minime et insignifiante au profane, il ne le faut pas : elle contribuera à susciter le projet fou de mettre ce bassin imaginaire en communication avec l'Atlantique et de faire de Tinbouktoû un port de mer.

Cette hypothèse d'un "Djouf" creux et d'une vaste cuvette ouest-saharienne ne devait pas être étrangère non plus au développement de certaines hypothèses ultérieures, par exemple l'identification de la "mer Atlantique" ou "Tritonis occidental" avec l'emplacement d'une grande dépression ouest-saharienne, communiquant avec l'Atlantique par deux détroits, la Sagia al-Hamra et le Khatt, située à l'est de l'île Atlantis et en renfermant elle-même plusieurs autres (Nyssa, Hespera).

On voit que même un désert "vide" permet de développer des théories aussi fumeuses que celles qui fourmillent autour des plus célèbres monuments de l'Antiquité.

Barth, cela dit, ne s'est pas contenté de noter des noms, il connaissait son Sahara et n'oubliait pas de poser des questions, c'est ainsi qu'il répertoria plusieurs itinéraires intéressant la Majâbat, dont une "piste", peut-être caravanière, qui comportait près de quinze jours sans eau, axe totalement abandonné du temps où je parcourais la région.

Il faut attendre ensuite jusqu'en 1880 pour avoir de nouveaux documents sur la Majâbat. Trois pèlerins de l'Adrâr sont arrivés en Algérie et E. Masqueray et A. Coÿne les interrogent sur le Sahara occidental : "Les Adrâriens n'étaient pas, je l'avoue, des géographes bien présentables. Quand je les vis pour la première fois, ils étaient couverts de burnous en guenilles, avaient la tête nue, les cheveux longs, l'air inspiré. Je sus bientôt que cet abandon résultait du mysticisme de la secte religieuse à laquelle ils appartiennent. Ce sont, quoi qu'il en soit, des voyageurs et de grands voyageurs..."

La carte du Sahara occidental par E. Masqueray "d'après Trois Pèlerins de l'Adrâr" figure trois bandes orientées nord-est – sud-ouest : "Ouaran, Meraïa, Adafer". Donnée importante aussi de cette communication : il y est noté l'absence de concordance entre nos points cardinaux et ceux des Adrâriens. "Le nord pour eux n'est pas le point où se trouve la polaire, mais il est au nord-est ; le sud étant au sud-ouest, leur est à notre sud-est et leur ouest à notre nord-ouest."

Puis sont décrits plusieurs itinéraires, que mes recherches et contrôles personnels ont révélés plus ou moins fantaisistes, à tel point qu'on peut se demander – lorsqu'il est question de la partie centrale, Le-Mreyyé – si les informateurs de Coÿne connaissent la région autrement que par des racontars. Le-Mreyyé, à les entendre, serait en effet un "terrain rigoureusement plat et horizontal, formé d'une terre rougeâtre, argileuse et très dure, de sorte que la surface est unie et miroitante comme une glace. C'est une région sans eau, sans pierres, sans arbres, sans herbes. Par les pluies, la surface du Mereia est tellement glissante et grasse que l'on ne peut s'y aventurer sans danger ; pendant la saison chaude, elle est encore plus redoutable, en raison de la réflexion de la lumière et de la chaleur. [...] Nos Adrâriens nous ont affirmé qu'une pierre de la grosseur d'un œuf d'autruche s'apercevait dans le Bled Mereia d'une journée de marche, et que les petits tas de crottins faits par les chameaux dans un campement pouvaient être pris de très loin pour les chameaux eux-mêmes." Cela, on le constate, fait très couleur locale – chameau, autruche, mirage, agitez le tout et servir chaud ! – mais facilite peu la tâche du futur voyageur en manque de données précises. Celles-ci, cependant, vont finir par nous parvenir.

Avec l'occupation militaire de l'Adrâr, nous arrivions au contact, par l'ouest, de la Majâbat et, si nous ne pouvions encore tenter d'y pénétrer, des renseignements filtraient et le colonel Modat pouvait écrire en 1916 : "Au sud du Dhar, l'Ouaran s'étend jusqu'à l'Adafer. Dans sa partie méridionale, ses dunes forment les aklés de Tamkarkat et Tasarat ; vers l'ouest son domaine est limité par la série des «Taieurt» qui marquent une dépression depuis la dune de Lemghaleg (sud de Chinguetti) jusque vers Dahla Charania. Le sable cependant déborde cette ligne en certains endroits, en particulier au nord du Khat où il forme l''aklé des Amesagan… Malgré les difficultés assez considérables que présente la traversée de cette région de dunes désertiques, les caravanes y ont circulé de tout temps, mettant en communication le Soudan (région de Nioro) avec l'Adrâr (Ouadane et Chinguetti) et le Sud marocain." Voilà le genre de texte dont on apprécie la lecture quand on s'apprête à lever l'ancre !

Les vieilles représentations subsistent malgré tout, pour preuve le capitaine M. Augiéras qui en 1916, dans une notice sur la "Dépression du Djouf (le «creux»)", écrit que celle-ci "paraît être la dépression centrale du Sahara occidental où convergeaient sans doute de très importants oueds" et qu'il qualifie sur sa carte de "Désert inconnu, sans eau ni végétation".

La même notion d'un Djouf conforme à son étymologie se retrouve chez le capitaine Ressot : "une grande artère fluviale se trouve probablement dans la région du Djouf".

En 1934, faute de renseignements directs, il était même encore permis au capitaine Bonafos de se demander si le Djouf ne recélait point “un dôme cristallin”.

Mais les moyens, peu à peu, se perfectionnent, le rayon d'action des unités méharistes s'accroît sans cesse et l'heure approche où il va devenir possible de passer résolument à l'attaque du no man's land.

Il faut le reconnaître, cette attaque sera lente, et spasmodique, avec des pointes hardies suivies de longues, parfois très longues accalmies. Toutefois, le rythme des explorations s'accélère si fortement dans les années quarante qu'on peut estimer le grand “blanc” de la carte comme pratiquement effacé à la fin de cette décennie. Sans doute n'a-t-on point été partout et d'énormes surfaces n'ont-elles pas encore été visitées, mais la monotonie régionale est d'une ampleur telle qu'on se trouve désormais à l'abri de toute surprise géographique de quelque importance : il n'y a plus rien à “découvrir”.

Ajoutons d'ailleurs qu'ici la multiplication des itinéraires ne saurait entraîner celle des accidents géographiques cartographiables ou des toponymes : la carte demeurera, sur des surfaces très étendues, blanche et vide, moins parce que le pays n'a pas été traversé que parce qu'il ne s'y trouve, en réalité, rien à porter. Et tant mieux pour qui tient dans la paume sa poignée de sable, elle restera unique, sans nom d'origine, propre à celui qui la touche.

Dans mon ouvrage spécialisé sur la Majâbat paru en son temps à l'IFAN, j'ai détaillé, presque à outrance, les reconnaissances faites dans la région. Pour mémoire, je ne citerai ici que celle du capitaine Fevez, en 1920, trop orientale pour avoir pu aborder les Bnaïg, qui demeurent intouchés, mais qui apportait pour la première fois des notions directes sur l'‘Aklé ‘Awâna et ses annexes, Le-Mreyyé, le Habr-oû-Gdoûr. En 1930-1931, le lieutenant D. Brosset réussit un raid Bwîr Zreygât – El-Mrâyer (reconnu pour la première

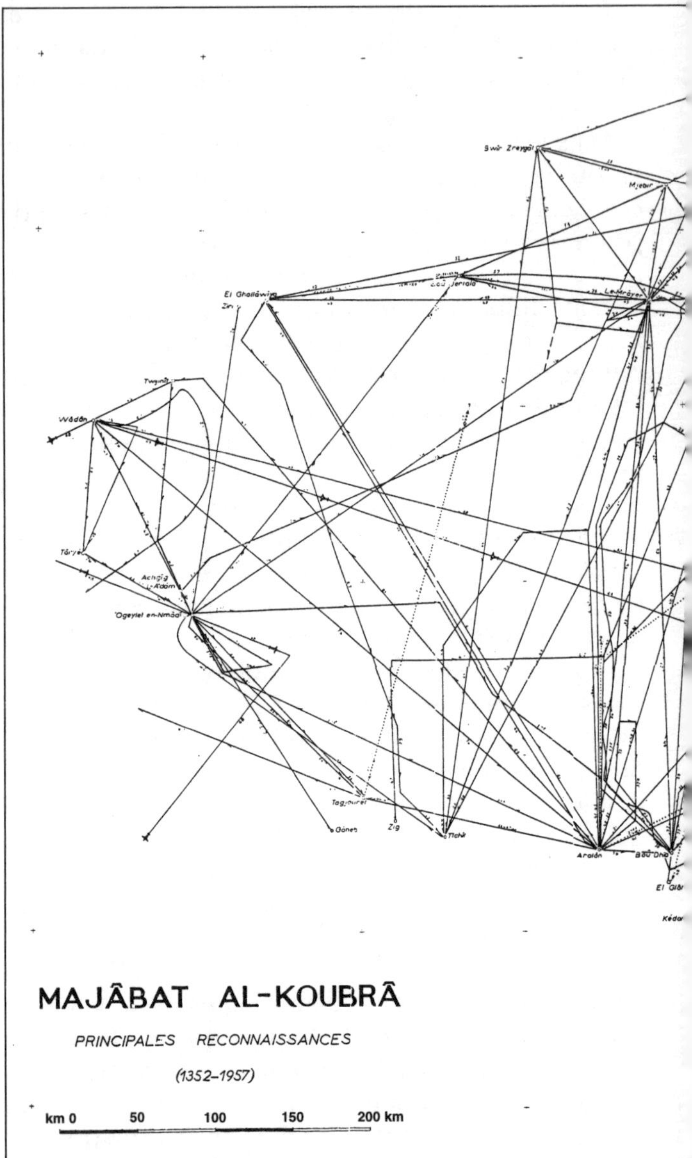
Swîr Zreygât
Mjebir
El Ghallâwîya
Le Mrâyer
Wâdân
Achgîg L-Adam
'Ogeylet en-Nmâdi
Tagmouret
Zig
Tichît
Araoân
MAJÂBAT AL-KOUBRÂ
PRINCIPALES RECONNAISSANCES
(1352–1957)
km 0
50
100
150
200 km

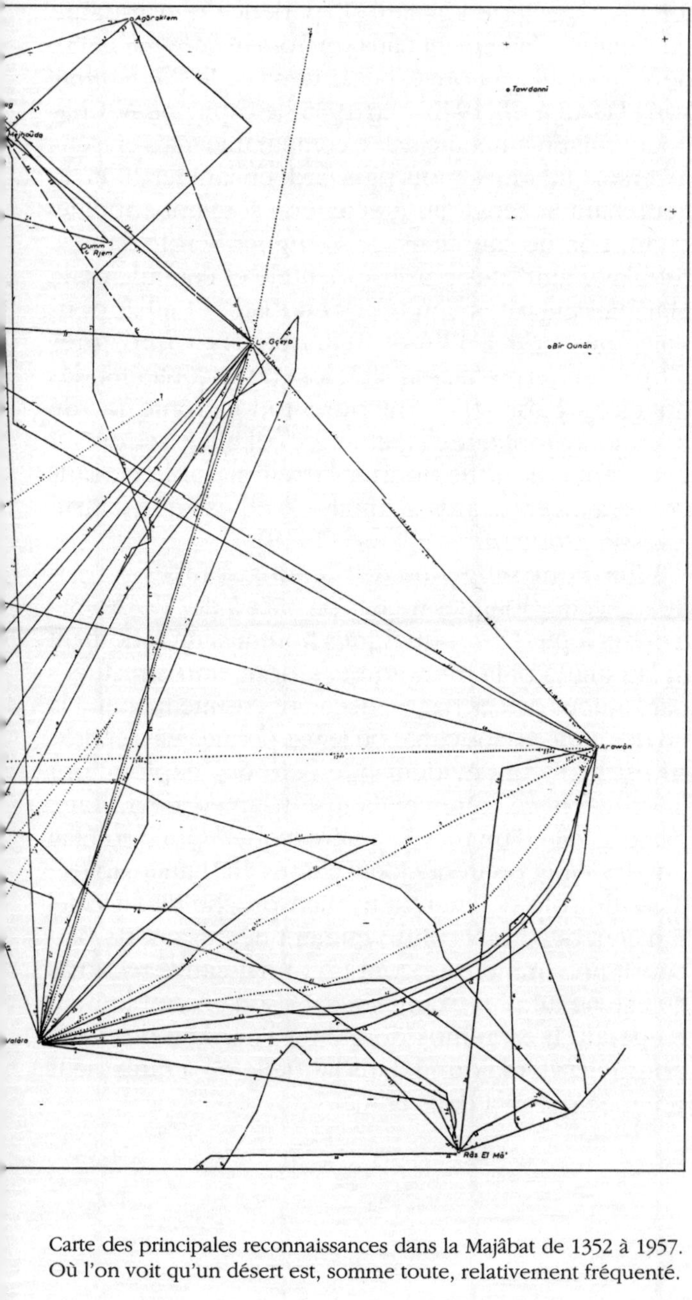

Carte des principales reconnaissances dans la Majâbat de 1352 à 1957.
Où l'on voit qu'un désert est, somme toute, relativement fréquenté.

fois) – 'Ogeylet en-Nmâdî. Expérience remarquable qu'il utilisera largement dans son roman *Sahara* (1935), devenu ensuite, et privé, hélas, de sa carte, *Un homme sans l'Occident* (1946). En 1935, le capitaine A. Chapouty suit un itinéraire assez comparable mais en sens inverse. Quelques mois plus tard, en janvier 1936, le lieutenant Sevenet, auquel je ferai souvent appel ici et dont on ne saurait assez souligner le rôle dans le "déblaiement" des parties orientale et centrale de la Majâbat, entrait, à son tour, "en piste" et allait pouvoir consacrer à l'Empty Quarter six campagnes d'hiver au terme desquelles, loin de se contenter des notations habituelles de pure topographie ou de botanique appliquée ("pâturage"), il allait se révéler géographe et nous donner l'irremplaçable et, sans doute, à divers égards, définitive synthèse que constitue son *Etude sur le "Djouf"* (1948).

Plus d'une vingtaine de reconnaissances – c'est-à-dire de très longues heures passées à dos de dromadaire et à pied pour quelques hommes ne redoutant ni la fatigue ni la monotonie –, dont cinq effectuées par l'auteur de ces pages, devaient ensuite mener à la fin des années cinquante où je me permettais d'écrire : "Il est d'ailleurs évident que l'ère des explorations linéaires, nécessaires mais insuffisantes, devra faire place à celle d'un travail systématique." Oui c'en était fini des vingt ou trente jours passés en "hauts sables", dans un rôle de chercheur bien proche de l'ascète. Il n'était désormais plus vraiment nécessaire de parcourir une immensité dont la connaissance réclamait qu'elle ne fût plus examinée dans son ensemble mais en détail. Il est temps de quitter l'horizon des yeux pour regarder la dune dans laquelle on a ramassé la poignée qu'on a dans la main.

II

OÙ L'ON APPREND QUE DANS L'IMMENSITÉ A PREMIÈRE VUE UNIFORME IL EXISTE DES DIFFÉRENCES, DES STRUCTURES, DES CONTRÉES, ET QUE L'ON PEUT S'Y PERDRE

Ce ne sont plus que des étendues de sable où l'on ne passe qu'avec difficulté, tant parce que la route est mauvaise qu'à cause de la grande pénurie d'eau... Les chameaux peuvent demeurer sans en boire, l'espace de quinze jours. On chemine tout ce temps, avec des pilotes et à la boussole, comme sur la mer ; on est obligé de se diriger ainsi pour ne pas s'égarer, puisqu'il ne reste aucune piste sur le sable.

L'Anonyme espagnol (1591)

La structure d'ensemble de la Majâbat est d'une simplicité à la mesure de ses dimensions océaniques, d'une clarté de schéma scolaire. Une gigantesque cuvette – le synclinal d'Arawân-Tâwdanni –, tectoniquement définie encore que topographiquement quasi virtuelle tant les pendages y sont faibles, traverse en écharpe, de l'Adrâr mauritanien à la Tanezrouft, toute la partie du Sahara occidental située au sud du "pays cristallin reguibat". Et toute cette surface, à l'exclusion de quelques affleurements gréseux périphériques, est sablonneuse. C'est même sans doute l'une des surfaces ensablées les plus vastes du Sahara : de Chinguetti vers le sud-est, il y a plus de mille kilomètres de sable, sans un seul affleurement rocheux véritable. Egalement sans un seul accident topographique autre que ceux du modelé dunaire, sans un oued, sans une vallée et, de plus, sans un arbre. D'où, évidemment, une monotonie d'aspect d'une ampleur inaccoutumée mais qui, si réelle soit-elle, ne saurait faire méconnaître l'existence de types régionaux distincts et dont il peut être intéressant de définir la nature et la distribution.

Nous verrons bientôt que ces types régionaux sont relativement caractéristiques et qu'il existe effectivement une structure dans la Majâbat, que plusieurs survols aériens, accompagnés d'une série de clichés, auraient rapidement révélée. Seulement il ne faut pas oublier que le travail de mise au jour fut effectué avant l'existence des avions et que l'on ne partait que d'une observation terrestre, limitée au champ visuel de l'observateur, d'où des comptes rendus du type de ceux qui suivent, empruntés au lieutenant Gardères (1950), au lieutenant Boutilly, au lieutenant Sevenet et à moi-même, et dont je ne cite, bien sûr, que des extraits, révélateurs de la perplexité des débuts :

"Bande plate avec de rares cordons, surajoutés et fréquemment interrompus, d'ergs blancs bien ordonnés. Plaines dénudées : parfois un peu de çfâr chétif mais surtout des touffes de sbot, fournies et isolées."

"Au fond de certains tayarets quelques touaris blancs, dans d'autres des affleurements rocheux. Dans l'ensemble, le sable est clair et dur ; le sbot fourmille, le hâdh reste abondant, le bougmîyé n'existe plus qu'en petites plaques."

"Les alabs sont fortement surmontés et couronnés d'ergs désordonnés ; les tayarets sont encombrés d'un inextricable enchevêtrement de dunes vives et d'un ensemble de cuvettes profondes. Tout cela transforme la région en un petit 'aklé ralentissant l'allure et rendant la marche plus pénible. Le sable, blanchâtre et mou, s'enrichit surtout de bougmîyé et de hâdh. Aussi est-ce une région où vivent les addax."

"Région plate à sable rouge brique, sans végétation."

"Région plus bouleversée : sable blanc, bien moins portant que dans l'Ijafoun ; dunes vives nombreuses tournant parfois à l'"aklé."

"Zone de sable dur et plus clair que l'Akratil ; mouvements de terrain beaucoup moins prononcés."

"Région de sable dur et foncé avec quelques mouvements de terrain de petite importance."

Je résume ici, puisque mon propos n'est pas didactique outre mesure. Mais l'on comprend qu'un observateur qui parcourt régulièrement, et pas toujours dans le même sens, un lieu tel que celui dont il est question ici, finit par sentir que tout n'est pas uniquement désordre. De même le voyageur, ou le chercheur, qui lit les notes de ses prédécesseurs et les compile, les épure, arrive-t-il à obtenir, à confirmer des renseignements d'importance, qu'il lui reste à vérifier au cours d'un voyage sur le terrain. Et bientôt les formes se précisent, des zones sont différenciables l'une de l'autre, le flou se dissipe :

"Elbs et tayerts de sable dur, de couleur foncée ; distance d'"elb en 'elb : mille cinq cents mètres."

"Le Ouarane est une région sablonneuse caractérisée par une suite d'alignements rougeâtres interminables sud-ouest – nord-est, dont la monotonie n'est rompue que par des cordons d'ergs blancs discontinus."

"Tout au long de sa traversée, on devine plus que l'on ne distingue la même orientation des lignes du terrain."

"Le relief rappelle celui du Ouarane. Les plis sont à la fois plus amples, plus symétriques et moins accentués."

"Le Mreyyé, qui semble se rétrécir vers l'ouest et s'évaser au nord-est… n'est plat comme un miroir qu'en de très rares endroits. Il est surtout formé d'ondulations arrondies dont l'amplitude est assez variable et la pente faible. La couche de sable superficielle est composée de fins grains rouges, caractéristiques de la région."

10°
8°
0
100 km
Bwir Zreygât
A R E
M A Q T Î R
El-Mrayer
Bou Jertâla
El Ghallâwîya
RICHÂT
W A R Â N
B N Â I G
Wâdân
Tanoûchert
TAÇÂRÂT
TAMOKRÂRT
E F
I J Â
HERROÛR
EL M'ARMÂT
TENEMOUJ
Ogeylet en-Nmâdî
CHEGGÂT
CHARANIYYA
ADÂFER EL-ABYODH
A D Â F E R
LE
TAYARET GASRAWAT
ADÂFER EL-AKHDAR
Syouf le Groun
Tagjoûret
DAHR TÎCHÎT
Tichît
Aratân
TAGÂNET
Â W K Â R
H A W
Affleurements gréseux (Paléozoïque et Continental intercalaire)
Territoires ensablés en majeure partie ou en totalité
Cuvettes (entonnoirs) de type " Khwâreg"
"'Aklé" : dune vive compacte le *ghord* individuel est engagé dans un système collectif "maillé"
Surfaces transversalement ondulées de types Mreyyé.
Cordon lourd, aplati, de "fond" (type "'elb")
Cordon léger, vif, de type "silk" en superstructure sur les "'alab"
Cordon léger, vif, de type "silk" posé directement sur un plancher horizontal résistant soit sablonneux soit rocheux

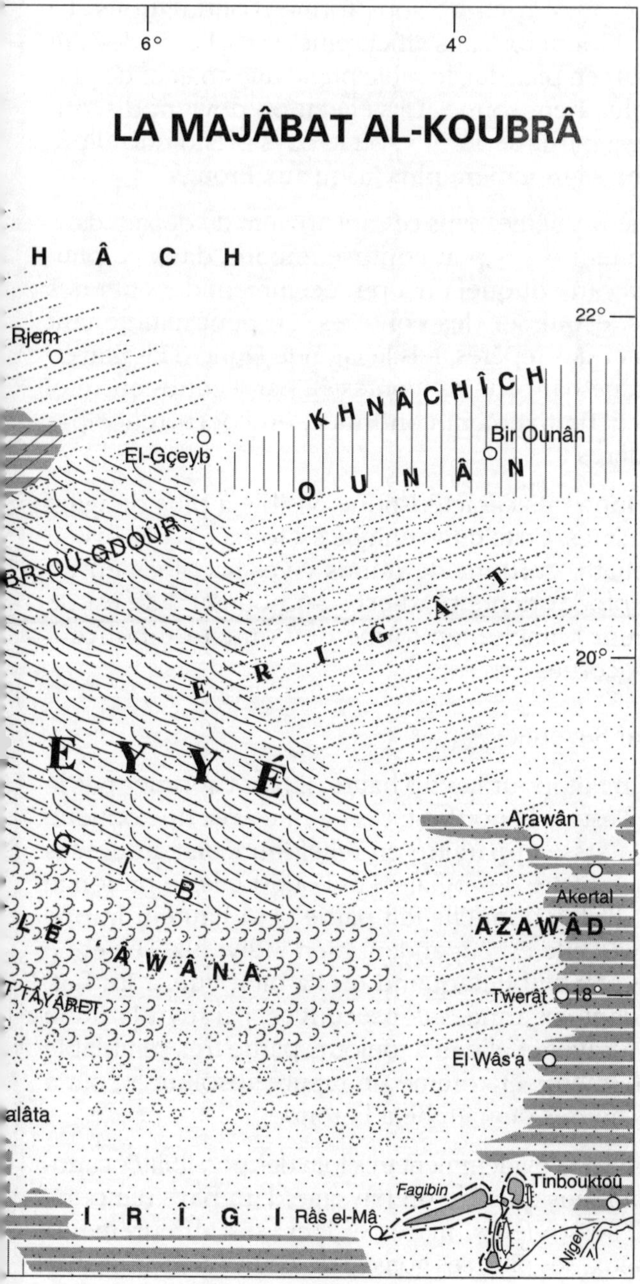

6°
4°
LA MAJÂBAT AL-KOUBRÂ
H Â C H
22°
Rjem
KHNÂCHÎCH
El-Gçeyb
Bir Ounân
O U N Â N
BR-OÛ-GDOÛR
É R I G Â T
20°
E Y Y É
Arawân
G Î B
Akertal
AZAWÂD
LE ʿÂ W Â N A
T TÂYÂRET
Twerât
18°
El Wâs'a
alâta
Fagibin
Tinbouktoû
I R Î G I
Râs el-Mâ
Niger

“Le pays apparaît sous forme d’ondulations. Le sol sablonneux, sans affleurements rocheux, devient de plus en plus dur, le sable prend une couleur de plus en plus ocre-rouge. La végétation devient discontinue à partir de 19° 15’, où le pays prend une allure qui ne se modifiera plus jusqu’aux Erougs.”

Mieux, même, dans ce capharnaüm du départ, dans cette mer il y a peu confuse encore, dans ce plan sur la carte duquel on a pu récemment dessiner des traits, esquisser des contrées, on peut maintenant pointer des repères, tels la Grande Dune d’El-Mrâyer, aperçue par certains, contestée par d’autres ensuite, puis définitivement confirmée, en l’occurrence par Gardères :

“Dune très caractéristique, visible à plus de vingt kilomètres. Cette dune unique est formée par la fusion de quatre cordons de dunes vives accolées en un seul bloc (orienté nord-est – sud-ouest). Elle est de couleur blanche, en forme de bonnet de police à deux cornes.”

et par Sevenet :

“En fait, pour la voir haute, il faut l’aborder par le sud, l’est ou le nord-est, c’est-à-dire avec une optique qui la fasse apparaître en relief immédiat au-dessus de la cuvette des oglats. Par l’ouest elle se prolonge avec l’‘alab dont elle fait partie et sa hauteur frappe moins ; elle est cependant bien individualisée et ne peut être oubliée quand on l’a bien vue… En fait, pendant six années consécutives, j’ai revu la dune d’El Mrâyer et elle m’a toujours parue très semblable à elle-même et comme un repère absolument sûr à trois heures de marche à la ronde.”

On reste évidemment très loin des possibilités cartographiques qu’offre un paysage d’un pays tempéré, avec ses rivières, mares et lacs, ses affleurements rocheux, ses pics, ses gorges, ses couvertures végétales différentes, ses routes, ses villages... mais tout est désormais prêt pour dessiner une carte de la Majâbat et de ses subdivisions. J'ai, en son temps, longuement et méticuleusement présenté ces dernières et je me contenterai ici d'en nommer les principales, tout en recommandant au lecteur de se reporter à la carte jointe pour se situer.

Très grossièrement d'abord : la Majâbat est constituée de trois unités régionales, de superficies sensiblement égales pour les deux premières et légèrement supérieure pour la troisième dont la forme est plus allongée. Ces régions sont : au nord-ouest les Bnaïg – c'est-à-dire les Echarpes – limités vers le sud-est par l''Elb le-Fçal (Le Séparateur) puisque ensuite vient Le-Mreyyé ou Miroir. En dessous : du nord-ouest au sud-est s'étend la Ceinture dunaire périphérique.

Avant de poursuivre, et comme il ne peut être question de parler de méandres, de coteau, de puy, de combe ou autres appellations habituelles au lecteur, il me faut ici fixer quelques termes, d'origine locale, que nous avons déjà vu subrepticement apparaître dans les comptes rendus des explorateurs. Les croquis suivants en expliciteront d'emblée quelques-uns.

Un simple coup d'œil rapide à ces croquis montre à quel point l'importance du vent est prépondérante dans ces paysages à l'origine entièrement créés par l'action des eaux – nous le verrons plus tard – mais domaine réservé de l'action éolienne depuis que l'élément primordial a disparu de leur surface. Ajoutons à notre lexique, en simplifiant toujours, que lorsqu'un paysage désertique se présente comme une sorte de vaste tôle ondulée, nous appellerons les bosses 'alab et les creux 'ayoûn. Et voyons maintenant l'une après l'autre ces grandes régions de la Majâbat.

Les Bnaïg. Au nord-ouest, l'entité dite des Bnaïg, par allusion à ces tissus maures aux motifs en bandes parallèles utilisés comme écharpes ou couvertures,

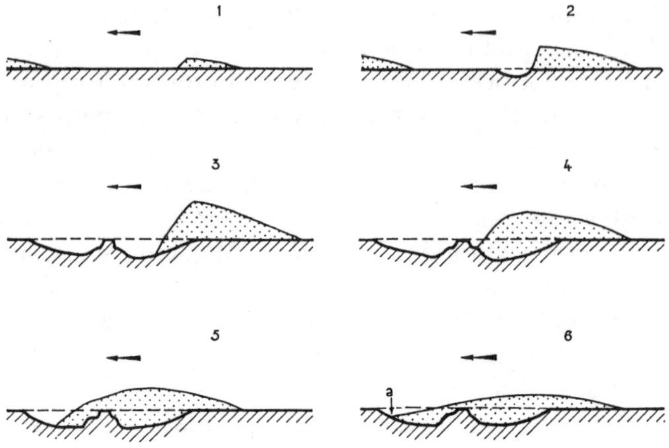

Evolution hypothétique des formes dans le nord-ouest de l'‘aklé (d'après Sevenet, 1948, fig. 3).

1. *'Akeylé* : formation des dunes en croissant élémentaire sur “le plan de base”.
2. *'Aklé* : les formes vives s'accentuent, les remous décapent les parties tendres du “plan de base”, formant une cuvette.
3. *'Awâna* : formes vives monumentales, cuvette profonde sur laquelle la dune avance en s'écroulant. Une partie dure est restée en saillie, témoin de “place de base”.
4. *Khwâreg* : la dune avance rapidement et s'abaisse sous l'influence du vent violent qui l'arase ; la cuvette se comble en amont plus rapidement qu'elle ne se creuse en aval.
5. *'Arâgîb* : les formes vives ont disparu, la cuvette est très réduite et ne se creuse plus.
6. *Mreyyé* : larges ondulations ; les parties bombées viennent au-dessus des anciennes cuvettes ; une très petite partie du socle primitif est visible en *a*.
Les flèches indiquent la direction des vents dominants.

est assez homogène : c'est en somme une grosse masse dunaire fixée, de type ‘ayoûn-‘alab (la tôle ondulée à grande échelle), orientée sensiblement nord-est – sud-ouest, mesurant quelque deux cent cinquante kilomètres de largeur selon cet axe. Tout n'est pas identique d'un bout à l'autre, bien sûr, la nature, même modelée par des vents dominants, reste capricieuse et riche de possibilités locales, mais nous parlons ici de structure générale. Le parallélisme,

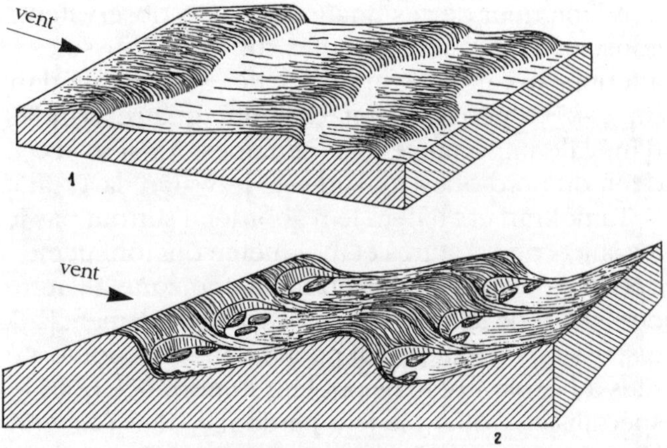

1. Ondulations transversales de type Mreyyé : accentuées et de type majeur en amont des pseudo-‘alab (théoriques car les types majeurs ne semblent pas exister actuellement libres de superstructures ghordiques jeunes).
2. Pseudo-‘alab avec khwâreg sous le vent et sloûk cloisonnant les tyâr : dunes en “peigné” ou en “râteau” (sud-est et sud-ouest de Chingît (Mghâlig et entre Chingît et Zerga), région à l'est du Tamga, etc.). Des affleurements de Quaternaire lacustre dans les interdunes.

d'abord, n'est peut-être pas rigoureux. C'est ainsi que le lieutenant Gardères (1952-1953) a fait remarquer que l'orientation générale, à l'intérieur du système de bnaïg, varie de 60 gr (nord du Warân) à 70 gr (sud de l'Ijâfen), ce qui indiquerait plutôt une amorce d'éventail qu'une série sagement parallèle. Je tiens au passage à rappeler la nécessité de ne point ignorer le caractère largement approximatif des mesures d'azimut de dunes : tous ceux qui ont essayé savent combien il est difficile, si souvent, de déterminer le point exact où l'observateur se trouve réellement dans l'axe du cordon, et combien, dans le cas d'un silk, les sinuosités de celui-ci s'opposent à toute mesure un peu précise de sa direction. C'est probablement par la multiplication des mesures qu'une certaine moyenne pourra s'en voir dégagée.

A l'intérieur de ces Bnaïg, les divers observateurs, consciencieusement penchés sur leurs boussoles et attentifs aux modifications locales s'inscrivant dans un aspect général, ont délimité quatre bandes, d'inégale importance mais certaines. Ainsi se succèdent, du nord-ouest au sud-est : le Warân, la Taçârât, la Tamokrârt et l'Ijâfen. Je n'aborderai surtout pas ici les sujets que d'autres et moi-même ont longuement débattus, celui des transitions d'une zone à l'autre, des limites de telle ou telle. Il s'agit véritablement là de discussions d'initiés, qui paraîtraient sans doute stériles à beaucoup, mais ont leur importance pour les spécialistes – qu'on le leur pardonne. Mais j'aimerais citer, à ce propos, Brosset, qui en 1941 écrivait fort à propos : "Les Maures ne fixent pas entre le Ouarane [Warân] et l'Erg Chech [Aregchâch] une limite rigoureuse. La dénomination leur a été imposée à l'origine par une différence de profil ; depuis, leur distinction procède de la tradition ; elle a été influencée par les lignes de la géographie humaine, si tant est qu'on puisse considérer qu'elle a des lois pour les pays où les hommes ne vivent pas. Géographiquement, le Ouarane commence où les feij prennent le type aîn, humainement, le Ouarane commence à la ligne Bir Zreigat-El Merayer. Ces deux définitions ne coïncident pas exactement." Et Brosset ajoute : "Est-ce le signe que le vocabulaire s'est précisé depuis l'attribution de ces noms propres, ou la preuve que l'indiscipline de l'esprit peut faire pièce aux classifications de l'instinct ?"

Plus vers l'est, vient ensuite Le-Mreyyé, dessinant sur la carte une sorte de cœur en biais et véritable désert en cette région déjà désertique qu'est la Majâbat. Les ondulations régulières des Bnaïg ont cessé, on entre ici dans une "zone de sable dur et plus clair… aux mouvements de terrain beaucoup moins prononcés". (Gardères, 1950-1951). Zone "monotone et uniformément mamelonnée" (Gardères, 1952-1953). "Le Mreïé est une succession de très faibles ondulations, avec petites cuvettes de deux cents à cinq cents mètres de diamètre. Puis les ondulations s'allongent, le pays devient nu, plus plat semble-t-il" (lieutenant Barthé, 1950).

Une description du Mreyyé doit nécessairement citer la traduction de la notice que consacre à cette région, dans son *Wâsit* (Le Caire, 1911) Ahmed B. Al-Amin Ech-Chingîti : "C'est une région située à mi-chemin entre Chîngît et Arawân. La traversée en est difficile et il ne s'y trouve ni eau ni arbres. Elle est même dangereuse pour qui y passe et, si le vent y souffle avec violence, la caravane qui y est engagée ne pourra avancer par crainte de s'égarer et ainsi de périr ; car le vent soulève le sable au point qu'on ne peut plus distinguer le ciel de la terre. Lorsque les gens se proposaient de transporter le sel de Chîngît, ils assoiffaient [au préalable] les chameaux jusqu'à ce qu'ils prennent l'habitude de ne boire qu'après vingt jours ou environ, et chacun emportait ce qui lui était nécessaire comme boisson dans des outres en bon état. Ce voyage ne s'entreprend qu'en hiver. Parfois la caravane se trouve démunie d'eau ; on égorge alors les chameaux et l'on recueille le contenu de leur ventre, puis on le tient suspendu dans la [peau de la] panse sous laquelle on allume ensuite un feu. Lorsque l'eau s'est clarifiée, on la laisse refroidir, ensuite on la boit. Khâled b.el Walîd – que Dieu soit satisfait de lui – fit de même au temps de l'apostasie, lorsque après la bataille d'El Yamâma, il se dirigea sur les régions de l'Irâq. Son guide était alors Râfi', le compagnon du Prophète, réputé pour la précision de son orientation.

"Il arrive qu'une caravane s'égare dans le Mreyyé ; elle disparaît alors jusqu'au dernier homme. On dit que le guide, s'il marchait de conserve avec le convoi, va se placer devant lui dès qu'on pénètre dans le Mreyyé ; les autres le suivent et il ne leur adresse pas la parole, par crainte d'être détourné de ses préoccupations et qu'ainsi ils périssent tous.

“La traversée de cette région nécessite une marche de dix jours.”

Pour parachever le portrait de cet endroit que le lecteur doit désormais trouver idyllique, écoutons maintenant Sevenet :

“Nulle région n’est plus mal nommée : ce nom de «miroir» n’évoque-t-il pas de plates étendues, brillantes et pleines de mirages ? Or, le Méréïé n’est pas plat mais très régulièrement ondulé en mouvements arrondis, comme une sinusoïde sans fin. Parfois, l’amplitude en est presque insignifiante, mais la plupart du temps, elle est assez prononcée pour que la vue soit complètement bornée. Les dimensions varient insensiblement d’une région à l’autre, le creux pouvant atteindre cinq mètres et l’amplitude cent cinquante mètres et plus.

“A ces formes simples se superposent des mouvements plus larges et presque imperceptibles tant leur pente est faible. Mais en certaines régions, ils deviennent plus sensibles, surtout aux heures extrêmes du jour, lorsque le soleil, bas sur l’horizon, en les éclairant différemment, fait mieux ressortir les plans successifs.

“La marche, dans les ondulations sans fin, n’est pas physiquement pénible, car les pentes sont très faibles et le sable, sans cesse lissé par le vent, reste très ferme sous le pied. Mais elle est d’une désolante monotonie ; l’horizon se referme autour de chaque sillon et jamais le moindre repère n’accroche le regard ; c’est, pour les indigènes, le pays des «diables» où il faut avoir la tête solide pour ne pas s’égarer, surtout lorsque le redoutable vent de sable s’élève, noyant tout dans une grisaille brillante.”

Inévitablement, c’est à une mer que l’on pense ici, une mer agitée d’une houle tranquille venue de très loin. Un paysage uniforme, lassant à parcourir, et un paysage sans guère de végétation, sinon quelques touffes de sbot, maigre graminée mais providentielle pour les montures de ceux qui s'aventurent par là.

Cependant, en y regardant de plus près, et ce fut mon rôle, on découvre des endroits où il y a quelque chose à étudier, des dépôts lacustres par exemple, avec des argiles ou des calcaires argileux, et dans ces dépôts l'on trouve – oh, en bien petite quantité, certes ! – une faune, des coquillages, toutes sortes de choses… ne fût-ce qu'un élément de stratigraphie, un banc de sable d'une couleur particulière, que l'on va pouvoir attribuer à un niveau repéré ailleurs. Et l'on va numéroter ainsi un sable, au-dessus d'une marne, ou de tel calcaire, puis des sols, de véritables sols qui témoignent d'une période humide de l'endroit, bien entendu, il y a belle lurette de cela, quelques millions d'années mais qu'importe. Par là-dessus sera étiqueté le sable dunaire, même s'il fut largement apporté par quelques eaux, c'est néanmoins lui l'élément le plus récent, l'élément encore vivant puisque le vent agit encore sur la surface du sol. Non, décidément, sans même parler des insectes qui se promènent çà et là, des quelques plantes qui s'accrochent vaillamment, le désert n'est pas un endroit azoïque et où ne se déroule aucune activité biologique. Mais c'est un espace où l'idée du temps est plus nette, plus forte, du fait de la nudité, pourrait-on dire. Ici, l'on voit le squelette de la terre à nu, sans humus, sans couche végétale, donc plus rien pour juger du temps qui passe. La morphologie de ce désert, la structure des paysages proprement dits, sont un héritage. Ici, l'on voit un cycle de vie dans son déroulement sur des siècles et non plus des jours. Nous sommes dans un milieu naturel fossilisé.

Pour être tout à fait honnête maintenant, et la citation d'Ahmed B. Al-Amin Ech-Chingîti m'y incite, j'avouerai ici au lecteur qu'un jour je me suis perdu dans ces parages. Parti d'Adrâr, comme souvent, je visais le point d'eau d'Arawân, situé à quelque deux cent cinquante kilomètres au nord de Tinbouktoû.

Une fois, déjà, en décembre 1954-janvier 1955, j'étais tombé à vingt-cinq kilomètres de mon but, ce qui n'était, avouons-le, pas trop mal. Probablement s'agissait-il d'une moyenne entre des erreurs d'un côté et des erreurs de l'autre, quoi qu'il en soit, nous avions trouvé notre puits. Mais cette fois-là, donc, au sortir du Mreyyé, je m'apercevais au changement discret mais certain de la végétation, de la flore, que nous étions, mes chameliers et moi, en train de dériver vers le sud-est, en direction du Sahel, de Tinbouktoû, par exemple, où je n'avais rien à faire. J'étais un peu inquiet, bien sûr, puisque, étant donné le nombre de jours de marche qui s'était déjà écoulé, nous devions être sur le méridien de l'endroit que je cherchais. Dépasser ce méridien, c'était s'aventurer en dehors de notre programme, et courir un risque. Et je me souviens de ce soir-là – nous avions trouvé un petit pâturage d'une herbe dont le nom local m'est resté en mémoire : *tazieh* –, derrière nous s'élevait une petite dune et j'ai dit à mes deux Bédouins qu'il n'était pas question de continuer ainsi à sortir de la région qui nous intéressait, que l'heure était venue d'être attentif. Les deux hommes qui m'accompagnaient étaient du genre on ne peut plus sérieux pour ce genre d'expéditions, le premier était un Reguibi, un dur du désert – les Rgeybat forment le gros des gens du Polisario actuel ; l'autre était un Kédiri, un chasseur d'addax ; tous deux des hommes infatigables. La nuit allait permettre à nos chameaux de se repaître. "Demain, leur dis-je, chacun prendra son chameau, marchera toute la journée et reviendra ici le soir, et vous me direz si vous avez vu quelque chose : une crotte de chameau, une trace de mouton, ou de chèvre, une empreinte... quoi que ce soit de notable pour déterminer la région dans laquelle nous nous trouvons." Tous deux acquiescent mais le Reguibi, plus prolixe, me demande de lui prêter mes jumelles, ce que je fais. Il monte alors sur la petite dune, s'accroupit comme aiment à le faire les gens de là-bas, au ras du sol, et il regarde, parcourt l'horizon de son regard ainsi démultiplié. Un moment après, il m'appelle et me dit : "Il y a des chameaux à l'ouest." Effectivement, je découvre bientôt dans les jumelles une petite caravane de quelques chameaux descendant gentiment du nord vers le sud, en route pour Tinbouktoû probablement. Aussitôt nous allons les détourner de leur route, pour qu'ils partagent notre campement, et notre repas uniquement à base de riz, certes, mais copieux. Le plaisir, de toute façon, est moins celui du ventre que celui de pouvoir discuter, échanger des nouvelles, car le Sahara – cela fait partie de ses données –, bien que désert, est une vaste potinière bien organisée. Et la discussion nous apprend alors le bon potin : ces Bérabiches étaient partis d'Arawân, ils venaient donc du point que je recherchais ! Et qu'il me fallut une journée et demie pour rejoindre, soit une lamentable erreur d'une soixantaine de kilomètres qui appartient aux grandes humiliations de ma carrière de méhariste au long cours. Le lendemain, cela dit, je repartais vers Le-Mreyyé et ses bordures sud, en direction d'Aratân, soit un parcours de cinq cents kilomètres sans point d'eau.

Ce parcours devait me faire traverser l''Aklé 'Awâna, partie est de cette troisième grande subdivision de la Majâbat al-Koubrâ indiquée précédemment, celle que j'ai baptisée la Ceinture dunaire périphérique.

Longtemps on a pu penser qu'il existait ici une sorte de mur continu ou, comme l'écrit encore Sevenet en 1948, "de grands massifs de dunes chaotiques… 'aklé d'Aguelt Némadi, Adafer, 'aklé proprement dit… qui forment comme une gigantesque barrière entre le nord du Sahel et le Sahara". Sevenet lui-même nuance ensuite son propos mais il n'en est pas moins vrai que le sud et l'ouest de la Majâbat sont occupés par toute une série de "pays", entièrement sablonneux le plus souvent, et constituant volontiers des massifs dunaires compacts, qui adjoint à la Majâbat une sorte de frange, et par endroits de bourrelet marginal, appuyé vers l'extérieur (au sud) sur le plancher rocheux, réapparu, de la cuvette. L'ensemble, contrairement aux Bnaïg typiques (orientés nord-est – sud-ouest), est maintenant orienté perpendiculairement, c'est-à-dire nord-ouest – sud-est. Quant au découpage en "pays", nommés successivement du nord-ouest au sud-est : l'‘aklé des M'armât, les Tyâr et ses ‘aklés adjacents, l'‘aklé d'‘Ogeylet en-Nmâdî, les Cheggât, les Adâfer, le Dahr Tîchît, l'‘Aklé ‘Awana, l'Irîgi, j'avoue qu'il n'est pas ce qu'il y a de plus exact, parce que trop schématique et "transversal", se contentant de débiter en "tronçons" successifs la ceinture dunaire marginale.

Plus que n'importe où ailleurs dans la Majâbat en tout cas, la comparaison du désert et d'une mer s'impose ici. L'‘aklé des M'armât est, selon Brosset, une zone "chaotique et difficile". Dans les Tyâr, j'avais été moi-même extrêmement frappé, faisant route de Târyé sur Irîgi, de découvrir, après une zone bordière à cuvettes, un peu confuse, un ‘aklé très typique, au milieu duquel, pour la halte méridienne, se dressait un lambeau de grès du Tamga. L'image n'est peut-être pas frappante pour le lecteur, j'en conviens, mais je tombais là sur ce que Brosset appelle les "tiar de contrecoup" ou "les rouleaux de la barre", faisant remarquer que, passée la barre, "la mer de sable reprenait sa marche normale". Plus loin, dans la région d'‘Ogeylet en-Nmâdî, les vagues encore, ici celles de la Tamokrârt finissante, se font très dures : "Les ‘aklé-écume s'y pressent, ils y atteignent une étendue qui les rend dangereux..." écrit Brosset, pour qui le Warân est venu se briser sur un oued, le Khatt, qui serait "presque" coupé vers Cteylet Le-Kroûch, de même qu'il avait indiqué que "l'oued Chinguetti a bloqué le Ouarane comme la Saoura, d'Igli à Ksabi, a bloqué le Grand Erg occidental : les sables ont vainement lutté, ils n'ont pu franchir cet obstacle dérisoire et pour ainsi dire moral ; ils se sont dressés en ces vagues furieuses, accumulées en ansguiat importants, qui donnent à Chinguetti cette physionomie que le passant classe immédiatement «très saharien» parce qu'elle flatte la conception du désert née de la carte postale algérienne". Personnellement, je doute que l'on puisse imaginer un tel conflit entre la dune et l'oued, celui-ci n'étant pas sous le vent de celle-là. Ce qu'on peut penser, c'est que dune et oued jalonnent ici l'un et l'autre un même changement de pente du tassili gréseux, ou tout au moins que la dune ayant occupé sa position d'équilibre, l'oued en a suivi le contour : dans ce cas, c'est l'oued qui aurait obéi à la dune et non l'inverse.

Quoi qu'il en soit, les images maritimes coïncident bien avec la réalité visible, la houle lente du Mreyyé devient ici vagues et turbulences, écroulements et tourbillons, voire aussi brusque apaisement, comme le font les vagues à l'approche de la côte – ce que signifie bien le mot Sahel.

Ce Khatt cependant demeure un problème, "presque" coupé vers Cteylet Le-Kroûch, il serpente ensuite entre les murailles d'un 'aklé, puis devient couloir libre de dunes passant brutalement, de chaque côté, à des 'aklés sévères. Le Khatt, pour moi, ne semble pas pouvoir être assimilé à un oued, mais il demeure un élément à certains égards mystérieux, même si on peut fournir, comme je l'ai fait, quelques débuts d'explications géologiques.

La tradition, locale ou méhariste, a cherché vers l'est des prolongements à cet accident majeur. Ainsi Chudeau avait un moment songé à faire passer entre Adrâr et Tagânet, donc par le Khatt, une hypothétique connexion entre un golfe quaternaire ouest-mauritanien et la "mer à marginelles" de Tinbouktoû. Augiéras, lui, fait état d'un renseignement, indigène évidemment, recherchant dans le Warân une prétendue "ancienne vallée du Rhâte ?", hypothèse dont Brosset devait faire justice. Mais ce dernier, à son tour, se demande si le Khatt n'a pas été "un grand fleuve", un "oued fossile qui a complètement abdiqué", un "grand mort en train de se momifier dans les sables".

Rien de ce que nous savons actuellement de la région ne nous autorise à penser que le Khatt se prolonge vers l'est, ou le nord-est, à plus de quelques dizaines de kilomètres d''Ogeylet. D'où vient le sentiment indigène qu'il peut y avoir quelque rapport et même quelque connexion géographique, au moins ancienne, entre le Khatt du Nord (celui de Tenoûmer) et le Khatt d''Ogeylet ? Je l'ignore. On peut se demander si une homonymie ou une erreur graphique n'aurait pas été à l'origine de cette singulière idée. Je rappellerai ici que l'"oued" longeant sur les cartes, du nord-est au sud-ouest, la limite est de l''aklé d''Ogeylet en-Nmâdî n'est pas un oued ; c'est la limite de l''aklé (d'après Allegrini) à laquelle le dessinateur a ajouté une flèche terminale qui l'a transformé en oued.

L'endroit n'est guère accueillant, en tout cas. Le massif, même si ses dimensions sont relativement réduites, environ 70 x 75 kilomètres, est un obstacle redoutable et redouté, qui inflige à la voie caravanière Adrâr-Tîchît un large détour occidental et fait d''Ogeylet en-Nmâdî un véritable cul-de-sac ouvert à l'ouest mais d'accès difficile de tout le secteur nord-est à sud. A la largeur même du massif s'ajoute l'orientation de ses éléments : la face croulante et abrupte de ceux-ci se trouvant sensiblement nord-sud et toute traversée dans un sens perpendiculaire aux crêtes vives abordées de face représente un effort très rude. Ecoutons ainsi Chapouty qui, en 1935, remontant d'Achgîg l'A'dâm au nord-est, les abordait de front : "A 6 h 35 ce matin [12-11-1935] nous quittions l''aklé de Raguebat Tamokrart. Il fut très pénible à franchir sur tout son parcours, mais surtout dans sa deuxième partie. De nombreux passages durent être pratiqués dans la dune croulante et, même ainsi, certains chameaux chargés les montèrent à genoux ;

d'autres, refusant, furent déchargés et le chargement transporté à dos d'homme."

Ceux qui ont l'expérience de l'"aklé peuvent imaginer ce que représente le déplacement à bras de tonnelets de quarante-cinq litres par-dessus des crêtes vives. Oui, les malheureux voyageurs lancés dans cette traversée de la Ceinture (dunaire) périphérique, ne regrettent certainement pas les grands ouvrages autoroutiers encerclant nos villes actuelles et pourvus des mêmes noms, mais ils repensent certainement avec envie aux molles ondulations du Mreyyé, la bénédiction du marcheur aux pieds nus, ou en chaussettes. Ici, il faut parfois aller jusqu'à écrêter les dunes, à en creuser l'arête à la main, au pied, avant même d'envisager un passage. Il faut y arriver de l'autre côté ! On passera, bien sûr, et l'on a hâte de retrouver un sol dur, caillouteux ou fait d'un sable ferme, pas de ce sable fin accumulé par l'action éolienne, dressé en barrières qui fument sous le vent et s'écroulent sous le pied. Et ce sable fragile on le maudit, on lance contre lui des mots qu'heureusement aucun écho ne propage et que les rares témoins ne révéleront jamais. Les pauvres bougres sont trop occupés eux-mêmes à tirer, pousser et aider un chameau qui renâcle et à accompagner sa difficile progression d'identiques jurons, quoiqu'en d'autres langues. Et puis, une fois franchis ces parages, comme le navigateur sorti des goulets dangereux, on se reprend à aimer l'endroit. C'est très sympathique, les dunes, c'est très beau. Là sont les émerveillements, la fascination des formes. Les peintres n'ont pas beaucoup pénétré dans les déserts jusqu'à présent. Ils y trouveraient d'admirables sujets. Et puis c'est propre, par-dessus le marché. Le désert en général est quelque chose de propre, c'est la planète à l'état vierge, d'avant l'homme, si l'on veut.

Pour en revenir aux différents "pays" de la Ceinture dunaire, celui dit des Cheggât a reçu sur le croquis de Hafdhi O. el-'Abid une figure très particulière,

1. Adrâr
2. Taboûchert
3. Herroûr
4. El Ghallâwîya
5. M'armât
6. Itîlen
7. Ijamren
8. Warân
9. Taçârât
10. Tamokrârt
11. Tweyyirât el-Hamrâ
12. Ijâfen
13. Cheggât
14. Greyfât el-Ghoûghrî
15. Sfeyrât
16. Boû Sefiya
17. 'Ogeylet en-Nmâdî
18. Achgîg el-A'dâm
19. Khatt
20. Tagânet
21. Le-Gtoû'a
22. Adâfer el-Akhdar
23. Adâfer el-Abyodh
24. Edfeyyât
25. Encheylé
26. A'rârîd
27. Gâneb
28. Hofrat le-Jdoûr
29. Twiserdemt
30. Tagjoûret
31. Bir el-Foûj
32. Zig

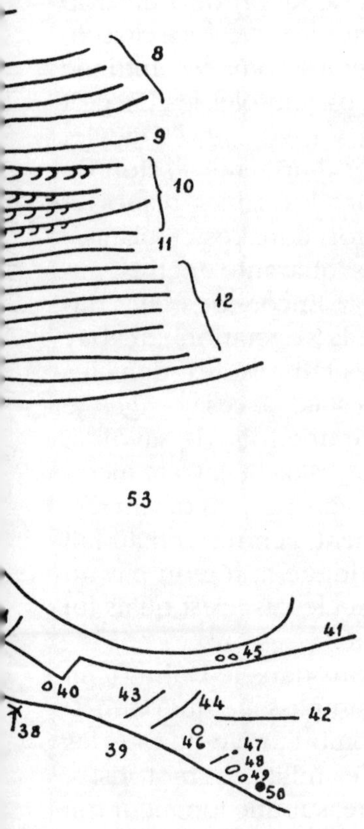

La Majâbat et quelques régions voisines vues par un Maure : copie d'une carte exécutée sur le sable à 'Ogeylet en-Nmâdi par Hafdhi O. el 'Abid le 13-1-1954.

33. Tâyâret Rekân
34. Khanget edh-Dheheb
35. Khanget Sedre
36. Tîchît
37. Bâten
38. Aghrîjît
39. Tengé
40. Gleyb Dikel
41. Tâyâret Gasrawât
42. Dheyr el-Haddad
43. Get'a Cherechmi
44. Get'a Inchâl
45. Jdeyrât
46. Gleyb Asfar
47. Khwidem
48. El Makhroûga
49. Ez-Zekh
50. Aratân
51. Adwer oû-el-Lehmiyyé
52. Hofrat Sardoûn
53. Le-Mreyyé

témoignant, encore que d'une façon un peu trop géométrique, du caractère particulier d'efficace cloisonnement que lui reconnaissent les nomades. Intrigué par ces renseignements, j'ai pu survoler les Cheggât en 1954, et les atteindre au sol, venant d'‘Ogeylet en-Nmâdî, en 1956. Il s'agit d'une succession de profondes cuvettes, atteignant les sables blancs et dominées par de hautes parois dunaires croulantes, pouvant atteindre au moins quarante mètres au-dessus du fond de l'entonnoir. Encore de belles difficultés en perspective ! De la végétation : açabay partout, hâdh par place, des talha isolés, dans les cuvettes le plus souvent. A la suite de ces voyages, je me posai la question, encore une fois, de savoir si cette région devait ou non être rattachée, voire incorporée, à telle ou telle de ses voisines, ou devait rester individualisée. Humblement, j'en resterai au fait que si les nomades ont distingué la région par un nom particulier, ce qui est ici le cas, c'est qu'ils lui reconnaissent une individualité.

Plus vers l'est, nous arrivons dans le Dahr Tîchît et retrouvons là le mythe d'un passage qui permettrait une traversée sans encombre, rêve de tous les caravaniers, méharistes et des militaires motorisés. On sait depuis longtemps que, sur une longueur qui doit approcher de cent cinquante kilomètres, le bord sud de l'‘Awâna est souligné par une sorte de couloir allongé, le Tâyâret Gasrawât, “zone dépourvue de dunes qui ressemble effectivement à une vallée, bien qu'elle ne soit pas en fait plus basse que la moyenne des terrains environnants”, écrit Sevenet en 1948, et le même auteur, en 1954, me faisait part des remarques suivantes : “… la Tayaret Gessarahouat est à la fois une vraie tayaret bien individualisée et un mythe.

“Parlons d'abord du mythe parce que c'est le plus facile à appréhender : le mythe est dans la tête des Maures du Hodh et plus particulièrement de ceux qui fréquentent l'‘aklé [‘Awâna] pour le pâturage, tels que certains *frig* Tadjakant, Ahel Borrada, Hammonat et surtout Oulad Billeu. Le mythe est celui d'un vallonnement continu au-delà duquel il y a l'"aklé. Or il se trouve que précisément dans la partie de l'"aklé où l'on va le plus pour nomadiser, c'est-à-dire au nord-est d'Oualata, ce vallonnement existe et qu'il est réellement continu sur plus de cent kilomètres, je le sais parce que je l'ai suivi et que j'en ai relevé le tracé.

"Aussi toutes les fois que les gens de ces tribus, qui fournissent le meilleur des Goums du Hodh, approchent d'une autre partie de l'"aklé, ils cherchent la Tayaret même si elle n'existe pas et baptisent de ce nom le premier vallonnement rencontré.

"J'ai même connu un certain Billaoui m'affirmant que la Tayaret descendait du Dahar à l'est d'Archmeyert et remontait à l'ouest sur le Dahar Tîchît pour continuer aux lisières sud de l'Adafer. Naturellement il n'y a rien de tel sur le terrain.

"Mais il n'est pas interdit de penser que ce caractère curieux du terrain baptisé Tayaret Gessarahouat ait pu s'étendre jadis plus loin vers le nord-ouest que je ne l'ai figuré sur mes levés d'itinéraires : si tel était le cas, l'aboutissement logique en serait la grande dépression de Dahklet Melzen Aktour qui a peut-être marqué l'emplacement d'un «sas» entre les bassins lacustres de l'Aouana, de l'Adafer et de l'Aouker."

Et l'on se prend à rêver au temps où tout ici, car ce fut le cas, n'était qu'eau, lacs dont on longeait les rives verdoyantes pour traverser le Sahara d'ouest en est.

De nos jours, avec les deux dernières régions de la Majâbat, l'"Aklé 'Awâna et l'Irîgi, ce dernier déjà limitrophe, on est loin du paradis lacustre, j'en témoigne pour les avoir en partie traversées, la première en 1960, revenant d'Arawân vers Aratân, la seconde en 1957, en route pour le Ras el-Ma.

Pour décrire ces lieux charmants, peu doué pour les descriptions paysagistes, je préfère laisser une nouvelle fois la parole à Sevenet :

"L'"aklé ['Awâna] est un très grand massif de dunes chaotiques qui, poussées par le vent d'est, s'écroulent peu à peu de toute leur hauteur sur leur face occidentale. On ne saurait donner une meilleure image de ce paysage de dunes vives pressées à l'assaut les unes des autres qu'en évoquant une mer en furie où la houle énorme se serait figée à l'instant même de son déferlement.

"Malgré cet aspect impressionnant, les dénivellations ne sont pas considérables : une trentaine de mètres en moyenne, parfois cinquante. Mais on conçoit que ces vagues aux pentes abruptes, souvent surmontées de crêtes en forme de croissant très caractéristiques, soient d'un franchissement pénible pour le chamelier, ou plutôt pour le piéton, car il est en général impossible de rester en selle. C'est pourquoi l''aklé est resté longtemps inconnu, l'indigène exagérant à plaisir la difficulté afin d'en détourner l'Européen curieux."

Il ne me semble pas innocent de terminer ce tour d'horizon de la Majâbat, ce parcours rapide de région en région, par un rappel de l'existence d'indigènes, de familiers des lieux même s'ils n'y vivent pas en permanence. Car il faut reconnaître que nos connaissances sur la toponymie de la Majâbat restent plus que rudimentaires, sans qu'il puisse subsister grand espoir, faute de guides qualifiés, de parvenir à la préciser. Il faut d'ailleurs se garder de trop insister, et le colonel Borricand avait bien raison quand, en 1954, il écrivait :

"D'une manière générale, j'ai l'impression que dans notre besoin de classifier, d'ordonner, de délimiter de façon précise, nous allons trop loin. Nos informateurs maures, si précis dans leurs termes, mais si peu ordonnés (à notre sens) dans leurs idées générales, ne peuvent nous suivre sur ce terrain, sinon pour nous contenter au détriment de la vérité. Et c'est eux qui ont raison : la nature est moins simple que nous ne le souhaiterions..."

III

OÙ L'ON VOGUE DE DUNE EN DUNE AVANT DE SE PENCHER SUR LES GRAINS DE SABLE POUR MIEUX LES ADMIRER

C'est tout à fait comme la mer, dit Una... On voit où l'on veut aller, et on y va... et il n'y a rien dans l'intervalle.

R. KIPLING, *Retour de Puck.*

Comme la mer... Depuis les premières de ces pages nous avons en tête cette comparaison. D'autres l'ont eue avant nous, bien sûr. Les images de mer de sable, de chameau baptisé vaisseau du désert, de houle et de vagues pour les grandes ondulations du Mreyyé, de ripple-marks géantes pour les cordons parallèles des Bnaïg, comme ces frisotis que la mer laisse sur ses hauts-fonds, les dunes écumantes à l'approche de la côte sahélienne, toutes ces associations sont justes. N'ai-je pas aussi baptisé mes longues traversées des "voyages au long cours". Et je parlerai dans un prochain chapitre d'un "naufrage" et de l'examen d'une "épave". Oui, la mer est là quand on traverse la Majâbat. On quitte El Ghallâwîya ou Arawân comme on quitte un port, en espérant qu'on n'a rien oublié, ni la provision d'eau douce ni la boussole. Puis l'on suit un cap et l'on s'applique à ne pas le perdre. Et partout, tout autour, il y a ce sable, comme la mer, une roche fluide en somme, sur laquelle on flotte, et qui emplit désagréablement les bagages, les réserves de riz ou les chaussettes, mais surtout emplit subrepticement l'esprit. L'immensité désertique s'impose à la pensée, et l'on guette un signe. On sait bien qu'on arrivera un jour, on connaît à peu près par avance les distances, on sait que ça ne peut pas durer plus de quinze jours, ou plus d'un mois. Alors on guette les premiers signes de vie humaine. On se trouve certes dans un espace inhabité, nul Bédouin ne s'est définitivement installé dans ce milieu stérile, mais certains y naviguent, ou fréquentent les côtes de cet océan, et laissent des traces. La première crotte de dromadaire repérée, comme une branche à la dérive signalant l'approche d'une côte, devient un événement. Et les Bédouins s'empressent d'étudier l'objet, de manière véritablement scientifique : ce dromadaire, qu'a-t-il mangé ? Mâle ou femelle ? Où a-t-il trouvé ce végétal ? Les hypothèses l'une après l'autre sont étudiées, jusqu'à la solution de l'énigme : tel groupe de nomades est passé par ici, il y a tant de jours. Cette crotte, pour les navigateurs des sables, c'est la colombe qui revient avec une herbe dans le bec. On ne crie pas *Thalassa ! Thalassa !* comme les hoplites de *l'Anabase*, mais Crotte ! Crotte ! Et cela veut dire : Nous approchons, nous sommes passés. Et puis la côte est là, le port : Aratân ou Wâdân, Ras el-Mâ ou Walâta.

Pourtant, tout comme le marin, à peine reposé on prévoit de repartir. N'avais-je point un détail géologique à vérifier ? Ce substratum calco-gréseux hamadien qui apparaît aux bords de la cuvette sous la couverture arénacée, ne devrions-nous pas fixer ses limites au sud de l'Aregchâch ? Et du côté du Dahr Tîchît, ne faudrait-il pas mieux définir les apparitions du Silurien et de l'Eodovicien ? On pourrait y aller voir, retraverser la mer, repartir pour six cents kilomètres avec un seul plein d'eau douce, sans puits ? Avouons-le – à mon âge je peux me le permettre – les questions scientifiques furent bien souvent aussi des prétextes. Parce qu'il m'était agréable de sillonner ce désert et d'en apprécier, au fil des ans, non seulement les détails, les réponses à mes questions, mais aussi les charmes. Tel le plaisir de marcher pieds nus sur le sable à gros grain lisse du Mreyyé, blanc, propre, frais au petit matin, et jamais vraiment monotone puisque jamais je n'étais inactif. Noter l'orientation des cordons dunaires, compter le nombre de ceux-ci, ramasser des flacons d'échantillons, relever le nombre de traces d'addax – jusqu'à cinq mille une fois en une seule étape ! Tout cela prend du temps.

Mais revenons à cette roche fluide dont je parlais plus haut, cette roche dont la main a effectué un prélèvement avant de décider la disposition du sac de couchage pour la nuit. Je dresse la main, et laisse lentement échapper les grains. Le filet blanc qui s'écoule, la plupart du temps, ne tombe pas à la verticale. Le vent le façonne en une courbe plus ou moins accentuée selon sa force et, au niveau du sol, les grains rebondissent et continuent un moment leur course, de même que tout autour de moi, inlassablement, le même déplacement se produit. Et au bout du compte, cela fait des masses considérables de grains qui bougent, qui s'entrechoquent, s'usent, s'anéantissent l'un l'autre en poussière infime, et tout cela en un mouvement plus vaste que la région qui nous occupe, et qui commence quelque part au nord-est, du côté de la Cyrénaïque, pour aller s'achever au sud-ouest dans l'océan Atlantique, selon l'axe des vents dominants. Les gros grains finiront dans l'eau, effectivement emportés par leur houle vers une autre, réellement marine. Quant aux petites parcelles, les poussières, on en a même observé de parvenues – par voie aérienne – aux Antilles ! Ce déferlement des masses sableuses, qui d'ailleurs n'est pas permanent puisque la "pompe" n'est pas toujours actionnée, peu de scientifiques à ce jour s'en sont préoccupés, ce qui est regrettable. Car l'on pourrait même se poser la question de savoir si, au-delà des déplacements en surface, le phénomène de la houle du désert ne consisterait pas, comme la houle maritime, en un mouvement sinusoïdal sans être latéral, pour ce qui concerne une couche superficielle, du moins. Une des conséquences de ce déferlement est en tout cas que l'on retrouve dans les sédimentations atlantiques ces sables appportés par le vent et que l'étude des niveaux sédimentaires permettrait de distinguer, à l'échelle géologique, les périodes fluviales et interfluviales de l'histoire du Sahara. Pour être complet ici, mais sans long développement, j'ajouterai qu'il existe l'inverse : des lieux où le sable venant de la mer passe, ou repasse, sur la terre et se met en route sur des distances considérables. Ainsi, par exemple, dans le Sahara espagnol où les vents soufflent davantage nord-sud, trouve-t-on des endroits où l'on note que d'énormes apports de sable proviennent de la mer, escaladent la plage ou les plateaux voisins, et se mettent en branle, sous forme de barkhanes d'abord, puis de chaînes dunaires plus importantes.

La différence fondamentale avec la mer, cependant, c'est qu'on ne possède pas d'esquif. L'on grimpe sur le chameau, parfois, mais la plupart du temps on marche sur le sable, surtout le matin quand il est frais sous la plante, et puis l'on dort dessus aussi. Ici, le contact physique direct avec l'élément est permanent, les dents qui crissent sur la galette en savent quelque chose ! Si j'ai parlé plus haut de roche fluide, je dois avouer que le sable possède avec les liquides une propriété pas toujours agréable : l'incompressibilité. C'est très dur le sable et l'on n'y dort agréablement que lorsque, à force de contorsions, on s'est creusé un alvéole, qu'on a aménagé son trou à la tête du fémur. Baste, c'est moins inconfortable néanmoins que le caillou des regs et ses aspérités ! Dur aussi, le sable l'est quand on tombe du perchoir, que ce soit parce qu'on s'était assoupi aux environs de midi quand la chaleur incite à la torpeur, ou parce que la sangle, étant desserrée, s'est rompue. Deux mètres, c'est haut, et dans ces cas-là – contrairement aux moments de marche – le sable “farineux” vaut mieux que le “gros grain”.

Etudions-les d'ailleurs d'un peu plus près maintenant, ces grains échappés du poing ou qui demeurent collés au fond de la paume. Un des sujets de mes recherches dans la Majâbat fut de prélever un peu partout des échantillons et de tirer des conclusions de leur observation, car les grains de sable témoignent, de par leur forme, des actions qu'ils ont subies dans le passé puis en cours de route quand ils se sont mis en branle. Un des meilleurs systèmes de classification est celui qu'a proposé le géologue André Cailleux à la suite de ses travaux en Pologne, où les actions périphériques glaciaires, jointes à d'abondants dépôts et mouvements sableux, furent considérables au Quaternaire. Etudiant les grains de différents gisements, Cailleux propose de classer ceux-ci en trois catégories principales, perfectionnées par la suite, et surtout par l'examen microscopique ou cristallographique, mais restons-en au principe : ces trois catégories sont : les grains NU, les grains RM et les grains RL. Je serai bref, mais l'explication est nécessaire : les NU, c'est-à-dire les "non-usés", sont ceux sur lesquels on retrouve l'aspect du cristal originel, cristal de quartz évidemment, érodé quelque part dans un massif rocheux, granitique par exemple. Car n'oublions jamais que là où se trouve ce désert, cette Majâbat, aujourd'hui, se dressaient il y a des millions d'années d'imposantes montagnes, granitiques pour la plupart, qu'une érosion tout aussi imposante a fini par réduire en tapis sablonneux. Ces "non-usés", donc, sont des grains qui n'ont pas eu le temps, depuis l'altération de la roche mère, de subir des actions extérieures très efficaces, ils sont encore indemnes, si l'on veut.

Les deux autres catégories concernent des grains ronds, comme nous en voyons le plus souvent dans des sables désertiques. Les premiers sont des ronds mats, RM, c'est-à-dire des petites sphères de quartz dépolies, leur surface étant piquetée de points microscopiques résultant du choc des grains de quartz entre eux au cours de leurs déplacements. Nous avons déjà parlé de ces déplacements, parfois immenses et qui mériteraient d'être plus étudiés, grâce au marquage radioactif, par exemple, ou que sais-je encore. Donc, les grains s'entrechoquent une bonne partie du temps avec pour résultat que demeurent à leur surface des marques de ces brutalités. Puisque c'est le vent qui a servi de moteur à ces déplacements et à ces chocs entre grains, on conclut de leur présence qu'il y a eu avant tout action éolienne. Quant aux derniers, les RL, ce sont les ronds lisses, sphériques eux aussi mais dénués de picotements, non plus mats mais transparents, lisses simplement, billes minuscules de quartz poli dont on attribue l'aspect aux actions aquatiques. C'est à force de traîner dans un fleuve que les cristaux de quartz sont devenus des petites boules transparentes.

La principale surprise résultant de l'observation des grains de sable prélevés un peu partout dans la Majâbat al-Koubrâ fut que l'action aquatique était largement prédominante. Alors qu'on s'attendait plutôt à trouver des actions éoliennes, nous fûmes bien obligés d'admettre que les sables de la Majâbat sont des sables quasi lacustres ou fluvio-lacustres, que charriaient les fleuves qui descendaient autrefois des reliefs qui entouraient cette immense zone.

Tout ceci, progressivement, fut bien sûr confirmé, par les preuves de la présence – au Néolithique encore, donc pas si loin de nous que ça – de lacs, de zones marécageuses inter-lacustres, d'une vie végétale et animale importante, et d'établissements humains. La littérature à ce sujet est suffisamment abondante pour que je ne développe pas outre mesure ces thèmes ici, même si la recherche et l'étude des diatomées, des mollusques et autres organismes vivants subsistant, ou l'observation des sites néolithiques, firent aussi partie de mes activités lors de mes déplacements.

C'est ainsi que tous ceux qui s'occupent du Sahara d'une manière générale, de sa morphologie comme de sa géologie ou de son passé biologique, sont amenés à considérer le Sahara actuel comme un héritage. Ce ne sont pas les actions actuelles qui font le Sahara – ou si peu –, qui ont façonné ces canyons, ces ravins dont certains ont des centaines de mètres de profondeur. Le sable charrié par le vent tente bien quelques coups, mais il en reste aux bricoles. Il peut sculpter des roches tendres, il s'y met très bien, mais cela ne modifie pas grand-chose au paysage. Les falaises éboulées, par contre, les buttes-témoins nivelées, les pentes d'éboulis réduites en aire plate, ce n'est jamais le vent chargé de sable qui a réalisé cela. Non, le gros travail, c'est l'eau qui l'a accompli, il y a bien longtemps. A une époque où il y avait ici des torrents permanents, des rivières, des fleuves. Autrefois ça coulait, tant que ça pouvait, ça brisait et déblayait, et puis maintenant ça ne coule plus, nous sommes entrés dans un autre âge. Cela reviendra peut-être dans quelques millions d'années. “Avec le temps tout est possible”, disait Lamarck, qui ajoutait : “Et la Nature n'en manque jamais.”

L'homme, lui, pressé du fait de son rapide passage sur terre, ne pense pas directement à l'eau, parce qu'elle est absente aujourd'hui, mais les signes de son action passée sont ubiquistes. Et c'est parce que ces sables de la Majâbat sont des sables sédimentaires, étalés ou déplacés au cours de diverses périodes dans cette “cuvette” que je me suis passionné pour la structure du lieu, que j'ai essayé de déterminer la stratigraphie de ses sables. Car il y en a bien une dans cette superposition de bancs, de niveaux. Une fois encore je ferai grâce au lecteur des détails scientifiques, des précisions sur le Primaire et le Continental intercalaire, le calco-gréseux et les lambeaux hamadiens, ainsi que des différences entre grès-quartzites et grès grossier, d'autant plus que je ne considère ma contribution que partielle et inachevée. Les questions en suspens ne manquent pas d'ailleurs et pour en donner un seul exemple je mentionnerai ici l'interrogation que je posais en 1958 sur les sables blancs :

"Les sables blancs, ou leurs équivalents, notés déjà en divers autres points du Sahara, ont parfois été considérés comme une dune ancienne, et comme appartenant par conséquent à un Interpluvial. Cependant, je les ai tenus dès 1934 [...] pour alluviaux, ce que confirme leur étude morphologique : s'ils ont subi aussi des actions éoliennes, la question doit se poser de savoir si cette éolisation de leurs grains est récente ou si les grès dont ils proviennent [par érosion] ne renfermaient pas eux-mêmes, déjà, des sables dunaires."

Dans le chapitre précédent, nous nous posions la question de savoir si la dune avait arrêté l'oued ou l'oued la dune ? Pour les paysages des Bnaïg on peut se demander si les ondulations sont du fait des 'ayoûn, les creux, ou des 'alab, les bosses. Les grains de sable, à leur manière – grès érodés ou sables agglomérés en grès à éroder –, posent eux aussi cette énigme du style "Qui fut le premier de la poule ou de l'œuf ?". Alors, pour demeurer dans le concret, j'aimerais utiliser ici, une fois n'est pas coutume, cette géologie qui me passionna tant pour proposer des images, peindre quelque paysage... Ainsi celui de ces grès à colonnettes de la région d'Aratân qui présentent un type de décomposition très particulier, l'érosion débitant ces grès en piliers bas plus ou moins arrondis, à surface muriquée, alignés souvent suivant des axes perpendiculaires les uns aux autres. Et – je reprends ici une de mes communications dans la *Revue de géographie physique* – pour poursuivre : "Cette disposition est si régulière qu'on a parfois l'impression, en circulant entre ces énormes boules ou cubes moruloïdes, de suivre des «rues» et qu'un champ de ces étranges «constructions» évoque nécessairement l'image d'une ville romaine réduite à la base de ses édifices et aux socles de ses colonnes ;

on pense aussi, devant ces masses de pierre à surface mamelonnée, à certains aspects de temples khmers."

Deuxième tableau, celui-ci à très petite échelle, moins une toile d'ailleurs qu'une palette, une multiplicité de couleurs mise à disposition des peintres que j'aimerais voir plus souvent fréquenter le Sahara. Je suis, on le sait, peu porté aux grandes envolées lyriques quand je raconte mes années passées au désert. Les descriptions de flamboyants couchers de soleil en une infinité de nuances, les reflets irisés et changeants des grandes dunes, ce n'est pas dans mes écrits qu'on les trouvera. Le désert fut avant tout pour moi lieu d'étude et de retenue et quand je parle des dunes de la Majâbat ce n'est guère qu'en deux couleurs : blanc et ocre. J'ose parfois avancer un gris. Mais je me surprends moi-même, devant un appendice à ma monographie intitulé *Données granulométriques et morphoscopiques sur les sables de la Majâbat*, à employer, pour qualifier mes échantillons du numéro 11 169 au numéro 12 431, les couleurs suivantes :

ocre-rose, blanc légèrement rosé, rose pâle, jaune paille, saumon, rouge sombre, ocre, blanc, beige rosé, ocre roux, beige, ivoire, beige rosé, roux, gris-bleu, blanc ocré, ocre rosé, cuivre roux, fauve rosé, blanc rosé, lilas terreux, fauve, mauve, rose pâle, gris-mauve, fauve doré, blanc un peu beige, ocre rose clair, moutarde, mauve pâle, ardoise, beige rosé très pâle, beige ocre pâle, ocre-beige, ocre rosé foncé, orangé, rose saumon, roux brique, gris-beige, fauve roussâtre, maïs roux, beige ocré, ocre safran, blanc-beige, blanc-gris, beige et jaune, brique, roux terne, chocolat pâle, or roux, châtain gris, ardoise foncé, beige mauvacé, beige-jaune, beige pâle, châtain-chocolat, chocolat-beige, chocolat roux, châtain-beige, fauve-brun, c'est-à-dire soixante teintes, dont je maîtrisais apparemment les différences à une époque où mon acuité visuelle était beaucoup plus développée qu'elle ne l'est, malheureusement, aujourd'hui !

Cette multitude de nuances n'était peut-être pas absolument nécessaire, elle relevait néanmoins d'une nécessité fondamentale de l'étude scientifique : l'observation. Soyez attentifs et une bonne partie du travail est déjà faite. Un des objets qui décorent mon intérieur est là, souvent, pour me le rappeler : un biface néolithique ramassé un jour dans le désert libyque et que je montre à mes visiteurs. Regardez cet objet, qu'a-t-il de particulier ? La couleur, me répond-on parfois, la forme, le poids, que sais-je encore ? Non, ce qu'il a de particulier, cet outil primitif, c'est qu'une de ses faces, celle que nous appellerons dorsale, regardant vers le ciel quand je l'ai ramassé, est mate, donc râpée par le vent charriant les grains de sable, tandis que l'autre, la face contre terre, est restée lisse, comme du temps de l'ouvrier qui tailla l'objet, éclat par éclat. Et cela signifie une chose : que jamais, pas une seule fois, ce biface n'a été retourné entre le moment où un monsieur du Néolithique, après avoir dépecé son antilope, l'a jeté, sachant bien qu'il en retaillerait facilement un identique ailleurs, entre ce moment donc et celui où un autre bipède, daté du XXe siècle finissant, l'a ramassé pour faire cet exposé sur le temps. Quant à répondre à la question de savoir combien d'années se sont écoulées entre ces deux moments, banal pour l'un des protagonistes, intéressant pour l'autre, eh bien, disons au minimum cent mille ans. Ce qui n'est pas mal en comparaison de nos courts passages sur cette terre.

Le temps passe, c'est son devoir et son lot, et les moments qu'il compte n'ont bien souvent aucune commune mesure avec nos brèves existences humaines.

Ce n'est pas sans une secrète mélancolie que j'écris ces lignes, celle sans doute qui s'attache aux choses qui meurent, quand on les a beaucoup aimées. Sur un plan scientifique, il n'est pas douteux en effet que, pour l'étude des ensembles géographiques tout au moins, les dimensions d'un 'aklé ou la structure d'un massif dunaire par exemple, d'autres méthodes existent déjà que celles de la déambulation attentive qui fut la mienne. Fini le cheminement pédestre ou méhariste : on en voit davantage en trois heures d'avion ou d'hélicoptère qu'en vingt jours de chameau et, souvent, on le voit mieux. A la restriction près que d'avion on ne comptera jamais les stations néolithiques ou les traces d'addax.

D'autre part, et à une échelle individuelle celle-ci, quelque chose aussi s'apprête à finir. L'"Aklé 'Awâna me l'avait signifié au milieu des années cinquante. Le dernier voyage au long cours entrepris, non sans témérité voire insouciance, en cette fin de l'année 1993, le confirme s'il en était besoin et sans ménagements : les campagnes hauturières dépassent maintenant les forces d'un homme au bout du parcours de sa vie, et qui voit approcher l'heure où, bon gré mal gré, devra s'achever pour lui toute activité.

Il faut savoir, bien sûr, à la fin du chapitre tourner la page. Nous l'avons tournée. Et à la fin du livre le refermer. Nous le refermerons. Ce n'est pas une raison, toutefois, pour nous contraindre à prétendre qu'en attendant nous ne regretterons pas un peu le désert d'hier, celui qu'embaumaient les chatons d'or des mimosas…

IV

OÙ L'ON APPREND QUE LA MAJÂBAT HÉBERGE PLANTES ET ANIMAUX AINSI QUE QUELQUES PHÉNOMÈNES ÉTRANGES

Soyons francs ! Au bivouac en pleine Majâbat, le vent qui disperse le sable qu'on laisse échapper de la main, s'il est doux ou même chaud, n'apporte jamais avec lui de délicates odeurs de fleurs, du moins pour un individu doté d'un appareil olfactif ordinaire, en ce lieu souvent brûlé par le soleil au niveau de l'appendice extérieur. Non, pas d'acacias ici. Les chatons floraux dont je parlais avec nostalgie ne sont néanmoins pas une invention, *Acacia flava* existe, mais exceptionnellement, sous forme de quelques arbrisseaux au nord du Mreyyé, au bord de l'Ounân rocheux. Et puis ailleurs dans le Sahara, bien sûr, mais ces autres territoires nous ne les abordons pas ici.

Pour ce qui concerne la flore dans la Majâbat, tout semble se passer comme si la sévérité des conditions du milieu avait si efficacement "filtré" les espèces que très peu d'entre elles seulement, dénombrables sur les doigts d'une main, avaient pu s'établir (ou se maintenir) en populations importantes et se développer, faute de concurrents, d'une façon très active, au point d'occuper seules des surfaces considérables. C'est le cas en particulier pour le sbot, et à un degré moindre pour le sardoûn ; le hâdh couvrant, dans l'ensemble, des surfaces plus faibles et paraissant lié non seulement à la nature du substratum , mais souvent aussi à sa topographie (par exemple dépression). Pour les thérophytes, on en arrive à se demander si leur élimination à peu près complète ne tient pas à un espacement des pluies supérieur à la capacité de survie des graines. Car même si l'on a pu constater la conservation des facultés germinatives de certaines graines – de *Neurada*, par exemple – sur au moins douze ans, rien ne dit qu'il tombera une averse en douze ans, ni même en vingt !

Il ne serait pas sans intérêt de rechercher – voilà encore un sujet d'étude sur ce milieu qui en offre à foison –, dans une région où les actions éoliennes s'exercent si librement et avec une telle intensité, dans quelle mesure n'interviendrait pas, pour des graines de petite taille, une certaine usure mécanique au cours de leur transport à la surface du sol, et si cette usure, inoffensive voire bénéfique dans certaines limites, ne risque pas de dépasser celles-ci et d'entraîner, dans les cas extrêmes, la destruction même de la diaspore.

Mais nous avons vu plus haut, quand il était question de nourrir les fidèles auxiliaires des expéditions que sont les dromadaires, que l'existence d'un désert très accusé, du moins si l'absence de points d'eau demeure un critère valable, n'est pas incompatible avec le développement d'une végétation relativement si abondante que les dunes y sont "vêtues" et que les plaines sablonneuses, là où elles sont couvertes de sbot, y ressemblent beaucoup plus à la steppe à alfa des hauts plateaux présahariens qu'à un désert vrai. D'où cette première conclusion que la notion de désert sableux n'implique en aucune façon, au même titre que le reg caillouteux, par exemple, une extrême raréfaction de la végétation. Le paysage, ici, dans une des régions les plus difficilement pénétrables du Sahara, n'est pas nu.

Deuxième remarque : cette végétation relativement abondante est, floristiquement, d'une pauvreté indicible et dont il est probablement peu d'exemples.

Il est difficile d'évaluer parfaitement la surface à laquelle s'étendent mes constatations, obtenues par quelques trajets linéaires. J'ai cité le chiffre de 150 000 à 200 000 kilomètres carrés, calculé de façon prudente ; mais il se peut qu'il soit, en fait, notablement plus élevé, ou en tout cas qu'une surface beaucoup plus vaste ne voie augmenter le nombre des espèces végétales que d'un petit nombre d'unités.

Et voilà que sur cette immense surface, la richesse aréale, soit le nombre d'espèces pour 10 000 kilomètres carrés – comme l'on calcule les populations humaines en nombre d'habitants au kilomètre carré –, tombe ici au chiffre dérisoire de 7*, sans doute inconnu ailleurs que dans les régions polaires.

Pour situer le lecteur, je citerai ici quelques chiffres, tirés de la carte des richesses aréales d'André Cailleux qui donne :

0 pour l'îlot de Clipperton (couvert de guano), ainsi que les Orcades du Sud et le continent antarctique,

10 pour quelques atolls de la Polynésie orientale,

20 aux Kerguelen, 70 dans l'extrême nord groenlandais…

Puis, pour ce qui concerne des régions sèches : 150 en Mauritanie, 170 dans le Sahara central, 300 dans le Centre australien, 700 dans le Sinaï…

Continuons, un moment encore, ces chiffres qui ici, au-delà de leur froideur, représentent directement la vie. Si l'on cherche à faire la comparaison pour des surfaces supérieures à 10 000 kilomètres carrés, en prenant par exemple 100 000 kilomètres carrés, les disproportions demeurent extrêmement frappantes, même si nos connaissances actuelles ne permettent pas d'affirmations définitives. Et l'on a ainsi, richesse aréale pour l'Archipel canadien vers 70° nord : 150, Adrâr mauritanien : 250, Tibesti, Fezzân : 300… France : 2 300, Costa Rica : 7 500 !

Non, décidément, il n'est pas douteux que le cas de nos dunes est-mauritaniennes, avec leur “pauvreté aréale” de quatre espèces, apparaît, dans l'ensemble du monde, comme tout à fait exceptionnel.

* Dont quatre seulement réellement conséquentes : sbot, hâdh, sardoûn et l'espèce parasite du dhanoûn.

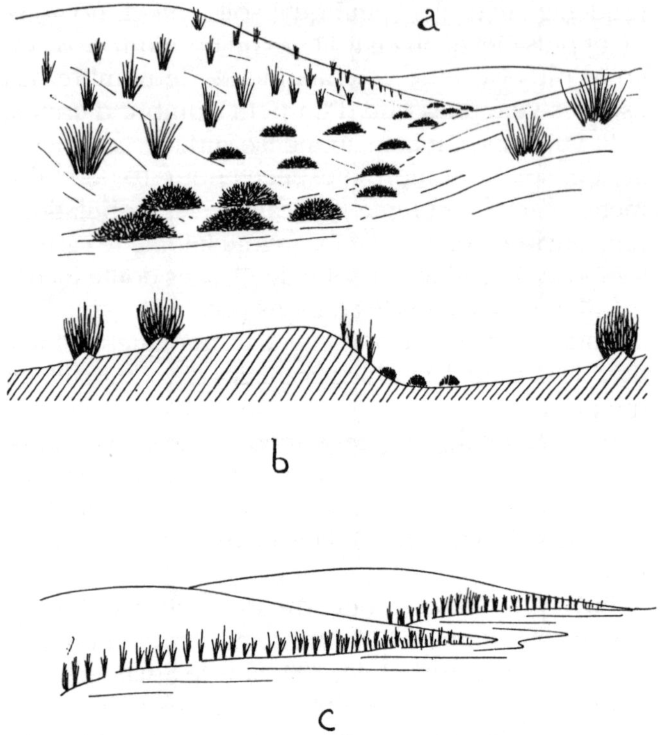

a) A la limite Ijâfen-Mreyyé (20-12-1954) : coussinets de hâdh dans les fonds, touffes de sbot sur les pentes ; *b) Idem*, coupe ; de gauche à droite : grosses touffes de vieux sbot sec sur sable rouge, azârân vert sur la pente sous le vent (sable clair), coussinets de hâdh, vieux sbot sur le glacis au vent de l'ondulation suivante ; *c)* azârân jalonnant le pied de l'ondulation (Mreyyé, 23-12-1954).

Les grands regs, serirs libyques, ténérés ou tanezroufts, fourniraient également des chiffres extrêmement bas, mais il s'agit de surfaces largement azoïques, le fait important ici, pour la Majâbat, étant à la fois la pauvreté floristique et la relative abondance de la végétation. Et quels sont les facteurs du sévère filtrage que paraît avoir subi la végétation pour la rendre si monotone ? Nous n'en savons rien encore.

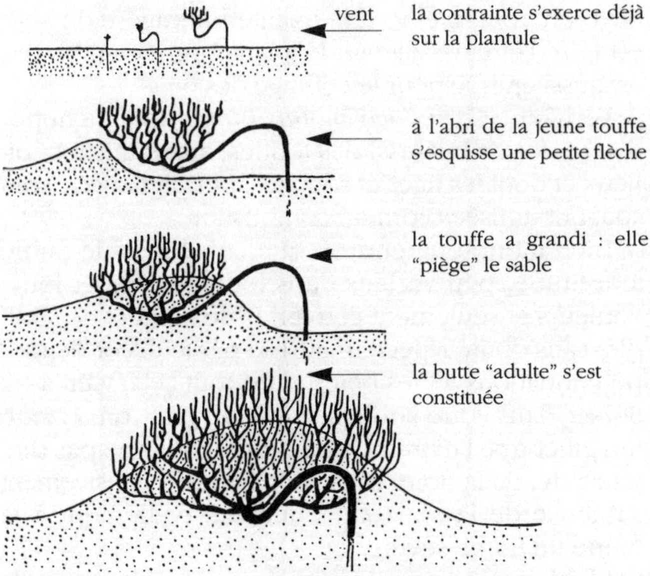

Evolution d'un pied de hâdh ayant subi dès la plantule une contrainte éolienne. Le processus est partiellement réversible et le déchaussement éolien peut ramener le buisson aux stades 3 et 2, du moins tant qu'il n'a pas dépassé une certaine taille.

Et c'est ainsi que le promeneur en ces lieux peu fréquentés, novice en botanique donc probablement peu attentif aux rares exemplaires de plantes disséminées çà et là et dont la liste ne s'impose pas ici, ne pourra quand même pas éviter de remarquer les deux maîtres incontestés des lieux : le hâdh et le sbot.

Le sbot, *Stipagrostis pungens* DESF., est une graminée, constituant des touffes importantes dont certaines tiges peuvent atteindre un mètre. Les feuilles, minces comme toute herbe, s'enroulent fréquemment dans le sens de la largeur. La dissémination est surtout assurée par les rhizomes, en une sorte de marcottage naturel. Les nomades utilisent les tiges sèches pour différents travaux de vannerie ou de corderie et consomment parfois les graines, contrairement aux dromadaires qui dévorent tout, même si la qualité fourragère du sbot est loin d'être excellente. La plante, serrée en bottes, est aussi utilisée pour le coffrage des puits.

Le hâdh, *Cornulaca monacantha*, une chénopodiacée, forme lui aussi des touffes, aux rameaux épineux et dont les tiges et souches, plus ligneuses, sont souvent utilisées comme combustible.

Bien monotone endroit que ces dunes de faible amplitude, peu variées dans leurs formes et leurs couleurs et seulement couvertes de hâdh et de sbot, dira sans doute le lecteur attristé par le décor de mes pérégrinations. Et les bêtes, dans tout cela, y en a-t-il là-bas, dans votre jardin secret ? Ou peut-on *a priori* imaginer que l'extrême monotonie, pour ne pas dire pauvreté, de la flore, comme la nature exclusivement sableuse de la Majâbat, a imposé également à la faune un triage sévère.

Eh bien oui, j'en suis désolé pour les amateurs de safaris pléthoriquement fournis, c'est exactement ce que l'on observe : une série de formes animales sahariennes, ailleurs banales, ne pénètrent pas dans la Majâbat, ou n'en fréquentent tout au plus que les bords, alors que d'autres espèces, relativement peu nombreuses, mais y trouvant des conditions favorables (de sol, de nourriture, etc.), peuvent y constituer des populations parfois étonnamment abondantes. On hésite ici, plus encore que pour la flore, à invoquer une influence trop spécifique d'un climat dont rien ne prouve qu'il soit, somme toute, appréciablement différent, à latitude et continentalités égales, de celui des régions voisines. Climat dont on connaît la caractéristique : désertique, bien entendu, mais qui, faut-il le souligner, ne peut être étudié plus finement faute d'installation météorologique permanente.

Ni la gazelle, ni le mohor, ni le chacal, et l'hyène moins encore, ne paraissent pénétrer bien avant dans la Majâbat. L'absence de gazelles, sur d'aussi vastes surfaces, est un caractère négatif important et l'on peut se demander si ces peuplements purs de sbot et de

Addax nasomaculatus (P. L. Dekeyser *del.*)

hâdh, peu appréciés comme pâturages, n'en sont pas la cause.

L'addax, *Addax nasomaculatus* (Blainville, 1816), est lui, au contraire, une espèce encore commune, du moins nous l'espérons, dans la Majâbat, menacée bien malheureusement par tous les fusils et pistolets-mitrailleurs possibles et terriblement efficaces. La région était autrefois le grand réservoir des addax de toute l'Afrique saharienne, celle qui s'étendait de l'Atlantique à la mer Rouge. Massacré partout, le bel animal survit encore dans la Majâbat parce que, fort heureusement, celle-ci n'exerce guère d'attrait sur l'humain ordinaire. Mais on risque, ici comme fréquemment ailleurs, d'assister aux derniers moments d'une espèce en voie d'extinction. Le désert lui permet encore une relative tranquillité, et l'antilope addax en profite, liée qu'elle est au sable par son adaptation morphologique, et ce de manière très visible en ce qui concerne la forme de ses sabots. Autant le pied des oryx ou des gazelles est quelque chose de pointu et d'étroit, autant le pied des addax est aplati, pas autant certes que le pied d'un dromadaire, il s'agit bien du sabot d'un ongulé mais très aplati, ce qui lui facilite sans nul doute la progression dans le sable. L'addax, chassé pour sa viande par ces furieux carnivores que sont les humains, est aussi connu depuis longtemps pour la haute teneur en eau de la bouillie végétale contenue dans sa panse. Outre la manière de recueillir cette eau que j'ai exposée en détail plus haut : creux dans le sol tapissé de la peau, cornes en travers, tapis de branchettes et filtrage, je citerai ici celle observée par le capitaine Bonafos :

"Ce sont eux [les Nmâdî] qui pratiquent couramment l'opération consistant à décanter l'eau contenue dans la panse des ruminants. Les razzieurs agissent ainsi quand ils prolongent un séjour dans des régions privées d'eau.

"Le liquide obtenu est un laxatif recommandé, à juste raison, aux personnes se nourrissant de viandes fraîches ou séchées. Les indigènes procèdent comme suit : ils enlèvent la panse du ruminant, y introduisent des tortillons de paille pour refouler vers les parois du récipient les matières mâchées (mais non digérées), font ainsi un petit puisard dans lequel le liquide se rassemble.

"Ils attendent ensuite que la nuit vienne abaisser la température. Ils percent un trou dans la paroi de la panse, en dessous du centre (cette précaution est facultative, elle donne de meilleurs résultats), et font écouler le liquide (que les raffinés filtrent à travers un chiffon, si possible propre), qui est versé dans une outre en peau.

"On laisse rafraîchir, on boit ensuite à petites gorgées.

"Les indigènes peu avertis, qui boivent goulûment, sont ensuite indisposés. On s'habitue à la longue à cette boisson, cette accoutumance est considérée comme une des performances nécessaires pour être apte à courir le désert. Les Maures appellent therth le produit de la décantation."

Etranges animaux, en vérité, que ces addax qui n'ont jamais vu de l'eau en nature, qui ne savent pas ce qu'est de l'eau liquide, qui n'ont jamais bu non plus de l'eau au sens usuel du mot boire, mais qui trouvent dans leur nourriture suffisamment de liquide pour assurer leur métabolisme.

On a souvent fait allusion aux déplacements des addax. Il n'est pas douteux que leur répartition, à un moment donné, est fonction de celle des pâturages. Mais il m'est souvent arrivé d'être surpris de rencontrer des traces récentes dans des zones extrêmement desséchées, comme aussi de n'en pas trouver, ou très peu, dans des zones plus riches. Il s'agissait peut-être dans le premier cas d'animaux en déplacement, dans le second de régions d'où la présence, actuelle ou récente, de nomades et de troupeaux avait écarté les antilopes. Il est difficile, en tout cas, de préciser la répartition, au moins "habituelle", des addax dans la Majâbat, faute de renseignements : ceux que l'on possède ne concernant, de plus, qu'une seule saison, l'accès de la Majâbat étant interdit aux êtres humains en été.

Pour ce qui concerne les autres mammifères, je reste extrêmement sceptique quant au renseignement de goumiers qui rapportaient, dans les années cinquante, la capture d'un couple de girafes vers 'Ogeylet en-Nmâdî, mais admets que l'on puisse apercevoir l'hyène rayée ou le chacal, uniquement sur les bords de la Majâbat, tout au plus, et où leur présence ne saurait être qu'accidentelle. Les gerbilles, par contre, là où il y a de la végétation, abondent comme partout ailleurs, en particulier la nuit dans les campements, assidues dans leur recherche des grains de riz tombés des sacs ou des miettes du repas du soir.

Le fennec, lui, est ubiquiste et extrêmement abondant, aussi bien dans les 'aklés, les systèmes 'alab-'ayoûn que dans les sables ondulés de type Mreyyé, qu'il franchit tous en courant avec une agilité surprenante sauf quand, par fort vent de sable, dans Le-Mreyyé par exemple, on peut le surprendre endormi à l'abri d'une touffe de sbot. Ce qui, soit dit en passant et avec honte, donne l'occasion aux Maures de tuer le malheureux fennec à coups de bâton. Si l'on trouve parfois dans ses déjections quelques débris de vertébrés (rongeurs ou lézards), c'est avant tout d'insectes que celles-ci sont pétries, en particuliers de débris de coléoptères ténébrionidés, mais aussi d'orthoptères et de fourmis. Le voyageur notera vite leur présence aux traces qui, le matin, sillonnent le bivouac en tous sens et à l'absence des morceaux de viande qu'on avait, la veille au soir, oublié d'enfermer. Il semblerait aussi, d'après une de mes observations, que le fennec puisse se nourrir de savon. Car il s'agissait là encore bien de traces de fennecs qui menaient au morceau, absent un matin, que j'avais laissé non loin d'un puits dont les eaux venaient de laver et rincer mon pantalon !

Ornithologiquement parlant, maintenant, la Majâbat semble avoir connu – oserai-je dire connaît peut-être encore ? – l'autruche, signalée il y a quelques décennies dans le Warân et dans l'Aregchâch, plus ou moins marginale, donc. Mais les débris d'œufs sont communs dans les stations néolithiques.

Le corbeau brun est très rare dans le centre et, pour autant que je l'ai constaté, on doit même considérer l'absence de corbeau comme un des caractères biologiques de la Majâbat où les deux seules espèces communes seraient une grande outarde et le sirli bifascié. La première est repérable grâce à ses excréments "en meringue", à surface blanche ou rose dès que le régime comprend des sauterelles. Quant au sirli bifascié, il semble être le seul passereau commun ici, où le substratum sableux convient particulièrement à son mode d'alimentation : recherche d'insectes souterrains par "piochage" et friand, à l'occasion, de sauterelles.

Dans l'ensemble, la faune ornithologique de la Majâbat est d'une prodigieuse pauvreté en espèces : je ne crois même pas y avoir vu de traquets, d'alouettes autres que le sirli, de gangas, etc. L'absence totale de rochers, d'arbres, d'eaux superficielles même temporaires élimine à coup sûr de nombreuses espèces ; faute de troupeaux, il n'y a pas de cadavres, et pas de vautours.

Oui, en tous domaines la même pauvreté ! En plusieurs semaines de pérégrinations, je n'ai récolté qu'un scorpion et n'ai pas le souvenir d'avoir jamais observé de serpents dans la Majâbat centrale.

Il existe néanmoins quelques genres ou espèces inféodés au milieu pour des raisons variées. Les lézards de petite taille, par exemple, les *Erémia* ou les *Acanthodactylus* sont fréquents, parce qu'ils ont la possibilité de s'y creuser des terriers, je suppose, refuges sous-terrains sans lesquels ils ne pourraient survivre quand on sait que des températures allant jusqu'à plus de 75 °C ont été enregistrées à la surface du sol, à l'abri du vent. A l'intérieur, des mesures l'ont montré, la température reste aux environs de 25-30 °C. L'atmosphère, en dessous, est légèrement plus humide aussi. Et nos pauvres diables, épargnés le jour, peuvent ainsi sortir de nuit à la chasse aux insectes. Ils ne trouvent peut-être pas régulièrement de quoi se nourrir, mais l'abondance n'est jamais nécessaire pour entretenir cette vie que l'homme respecte si peu et détruit allègrement !

Non, vraiment, avec ses coups de bâton sur la tête des fennecs, ses fusils déchargés sur les addax, ses carcasses de voitures abandonnées dans les sables après des rallyes inutiles, l'homme n'a pas le beau rôle dans le désert, même s'il y possède une histoire intéressante et qui sera le propos du chapitre prochain.

Avant de conter celle-ci, du moins en partie, je tiens, en tant que guide soucieux de présenter de nombreux aspects du lieu visité, et puisqu'ici il n'est ni architecture ni pompeux mariages princiers à développer mais rien que de petits détails, d'en mentionner trois, géologiques *stricto sensu* pour deux d'entre eux, en apparence seulement pour le premier :

Un élément particulier demeuré longtemps énigmatique, encore qu'extrêmement abondant, se rencontre à la surface de tous les sables anciens un peu compacts, c'est-à-dire dans tous les entonnoirs dunaires : il s'agit de coques oviformes de section ovalaire et de tailles variées (3 à 5 cm de longueur x 1 à 2 cm de section), à paroi mince minéralisée, incrustée de grains de sable et prodigieusement fragile bien qu'"offrant plus de résistance à la pression des doigts que ne le ferait un œuf de pigeon" (Thompson). A première vue, on pouvait penser qu'il s'agit d'œufs, mais l'hypothèse, bien incroyable d'ailleurs, s'est révélée erronée. C'est de coques nymphales qu'il s'agit, d'enveloppes de cocons si l'on veut, que l'étude a précisé comme étant celles de cérambycides du genre plocaederus (coléoptère). Elles n'en restent pas moins étonnantes puisque le docteur vétérinaire G. Thiery, qui voulut bien procéder à l'étude d'une plaque mince, nous signalait dans ces coques des pores véritables, organisés, avec cristaux radiés perpendiculairement à la surface du pore. Détail qui, comme la présence de phosphore révélée par l'analyse chimique, éloigne certainement la coque minéralisée des *plocaederus* des coques nymphales habituelles, généralement chitineuses. Il s'agirait donc sans doute d'une remarquable convergence entre la coque minéralisée et un œuf de vertébré. La Majâbat, on le voit, possède ses curiosités naturelles !

Passons aux étonnements géologiques maintenant, et puissent-ils, avec tout ce que je conte ici, non pas drainer vers la Majâbat des convois entiers de touristes, venus bruyamment en autobus et prompts à la détente sur leur appareil photographique, mais attirer vers elle la curiosité de jeunes chercheurs, susciter des passions scientifiques, faire germer l'envie pour une région trop facilement synonyme de désintérêt. On verra en tout cas par ces exemples que le désert n'est pas si tranquille que ça et ne brûle pas que sous l'action du soleil…

Parmi les multiples couches géologiques composant la Majâbat : sables divers mais aussi niveaux fossilifères, à débris d'ossements de vertébrés (poissons, crocodiles, hippopotames) par exemple, ou a coprolithes de crocodiles, ou niveau à bois fossiles, il est aussi des argiles sableuses fines roses ou couleur brique, à diatomées et spicules d'éponges. Les diatomées sont, ici fossilisées, des algues unicellulaires microscopiques dont la membrane est entourée d'une coque siliceuse, très visible encore dans les roches. Sous cette forme rouge brique, les argiles évoquent immédiatement une cuisson. Je notais par exemple, au Tchad en 1934, des "argiles noires et rouge brique dures, comme cuites", puis des affleurements "calcinés noir-rouge", des "sols brûlés céramique", des buttes à sommet rouge "sans doute calciné", etc. ; et, dans l'Adrâr au sud de Tanoûchert, toujours en 1934, j'imaginais comme explication possible l'hypothèse d'un "incendie de forêt". J'ignorais alors qu'une thèse de G. Garde décrivait, entre Wani et Angara, une "argile rougeâtre, durcie, ressemblant à de la brique cuite", et poursuivait en expliquant qu'il s'agissait réellement d'une "argile calcinée, rappelant celles qui se trouvent dans les houillères embrasées du Plateau central de la France" et "recouverte par une scorie ferrugineuse noire, très bulleuse". Quant à l'origine de ces formations, la seule hypothèse que retienne l'auteur, non sans hésitation, est l'action d'un feu de brousse ou d'un incendie de forêt.

Rien ne prouve que les diatomites rouges ou même les couches charbonneuses impliquent une action ignée généralisée, peu vraisemblable d'ailleurs appliquée à un si grand nombre de sédiments échelonnés de la Mauritanie au Tchad et sans doute au-delà.

Il n'en est pas moins intéressant de signaler que, localement au moins, phénomènes ignés et diatomées rouges peuvent s'être trouvés juxtaposés. En voici un exemple :

Le 6 février 1957, en fin d'une de mes méharées "au long cours", partie de Wâdân pour rejoindre Ras el-Ma en passant par Aratân, traversant le fond du lac desséché de Daouna Keyna au niveau de Ti-n-Teyni (à une centaine de kilomètres à l'ouest de Tinbouktoû), j'eus la surprise d'y remarquer très abondante, en affleurements paraissant d'abord plus ou moins linéaires (en micro-dykes si l'on peut dire) puis irréguliers, une roche jaune (parfois grise ou noire), bulleuse, très légère, présentant tous les caractères d'une lave vacuolaire, impression que devait confirmer l'examen microscopique de cette ponce : un verre isotrope contenant de petits grains de quartz détritiques englobés dans la pâte ou superficiels.

Et ces observations m'ont rappelé une communication de M. de Loppinot : "En 1913, au moment de l'assèchement total du lac [le lac Fagibin, à l'ouest de Tinbouktoû], le feu a pris dans les environs de l'île de Taguilem ; il gagne, de fissure en fissure, vers l'ouest, à raison de quatre à cinq kilomètres par an. Des volutes de fumée sont visibles le jour et des flammes la nuit. Le feu disparaît avec l'inondation et reparaît ensuite", ainsi que deux passages de G. Mourgues qui écrivait en 1953 que, lors du dernier assèchement total du lac Fagibin, "la couche d'alluvion, qui doit être considérable, était craquelée et formait des crevasses où un cheval et son cavalier auraient pu disparaître. C'est à ce moment que les indigènes ont prétendu avoir vu des bouillonnements et des dégagements de vapeur, au pied de l'île Fondogoro, où j'ai signalé la falaise qui m'a semblé présenter des excavations d'origine éruptive." Et le même auteur ajoutait : "En ce qui concerne le dégagement de vapeur ou plutôt fumée, il ne s'agit pas de constatations locales provenant des villages sud du Faguibine... A l'époque où le Faguibine était complètement sec, vers 1894, avant et au moment de l'arrivée de nos premières colonnes, le fond du lac était non seulement craquelé mais crevassé, ces crevasses étaient longues, larges et profondes, au point que des bovidés y tombaient et ne pouvaient en sortir par leurs propres moyens ; c'est du fond de ces crevasses, et plus particulièrement près des îles Taguilem et Fondogoro, que la tradition orale signale des émanations de fumée : s'agissait-il de manifestations profondes ou du produit d'une décomposition marécageuse ? Le sens des relations orales que j'ai entendues laissait une impression dépassant l'idée de décomposition de matières organiques ; il faut cependant tenir compte de la tendance au merveilleux chez les narrateurs. J'ai vu des crevasses semblables dans les Grandes Daounas mais sans manifestation gazeuse quelconque."

Puis J. Daget, en 1957, m'écrivait : "Un goumier forestier de Goundam, nommé Yaya, originaire de la rive nord-est du Faguibine, m'a assuré qu'entre Takilem et Bankor, il y avait des crevasses sur lesquelles on aurait pu «faire cuire un méchoui» et dans lesquelles, la nuit, on voyait du feu."

Et un moniteur d'agriculture local, Aboulaye Soumagal, apportait lui aussi son témoignage : "Au cours des fréquentes tournées au Faguibine, j'ai constaté, lorsque le lac était à sec, des feux qui s'allument dans certains lieux... Pendant les jours de grande chaleur, les flammes sont invisibles, mais on remarque une fumée noire qui sort des grandes crevasses. Quand le temps est très sombre et pendant la nuit surtout, les flammes sont visibles, on dirait même que c'est un lieu habité par un campement qui fait la cuisine... La surface du sol brûlé est rouge comme une brique cuite, mais l'intérieur est noir."

Par la suite, les travaux de différents chercheurs, dont moi-même, mettaient un peu d'ordre dans tout cela. En résumé, et seulement pour ce qui concerne le propos de départ de cette anecdote et en donne ainsi une explication plausible, même pour d'autres endroits : il y a bien dans la région du lac Fagibin présence de venues volcaniques d'âge subactuel. Il s'agit de très petits filons (cinq à dix cm de large, par exemple), s'élevant jusqu'à la surface, où ils peuvent s'étaler légèrement, par les fissures de retrait découpant les bancs de diatomites desséchées, d'où de nombreux fragments de diatomites, repris dans la lave et s'y trouvant emballés, indurés, cuits et fortement colorés en rouge brique.

Le désert, même s'il était question ici des marges de la Majâbat, n'est donc pas aussi tranquille qu'on pourrait le croire. Un peu partout, et en son plein centre sableux cette fois, il est aussi sujet à d'autres feux : ceux du ciel. En effet, même si la pluie ne tombe pas fréquemment, voire jamais peut-être en certains endroits, les cieux chargés d'électricité n'en passent, ou passaient, pas moins au-dessus de la Majâbat, comme d'autres déserts, pour y lancer parfois leurs éclairs. Quand la foudre s'abat en forêt, sur un arbre, le résultat est net : l'arbre brûle ; sur une maison non protégée les dégâts peuvent être importants on le sait, mais dans le sable, que se passe-t-il ? Eh bien, tout simplement une fusion des grains en un verre, puisque le dégagement de chaleur est extrêmement intense, et ce suivant la "pointe" de l'éclair, c'est-à-dire avec pour résultat la création d'une sorte de barre de verre, plus ou moins fine et plus ou moins tordue, s'enfonçant dans l'épaisseur de sable sur quelques dizaines de centimètres, voire un mètre. On appelle fulgurite cette roche et les sables blancs

Fennecus zerda (P. L. Dekeyser *del.*).

de la Majâbat en sont pleins, souvent hérissés pour l'observateur qui les remarque quand l'action du vent, déblayant les sables superficiels, met en relief ces tiges vitrifiées. Là encore, au-delà de la certitude pour ce qui concerne la formation de ces éléments du désert, des interrogations subsistent. Ainsi, on sera tenté de penser que les fulgurites, associées à un niveau défini, en sont un "fossile" caractéristique, dénotant une période particulièrement riche en orages. A la réflexion, cela ne paraît pas certain car, premièrement : si le sable blanc est bien un dépôt aquatique, les fulgurites ne pouvaient s'y former sous l'eau ; deuxièmement : les fulgurites sont généralement réparties sur une pente, comme si elles avaient été mises en place depuis l'ouverture de la cuvette ; enfin : les fulgurites se trouvent souvent associées à des stations néolithiques installées sur les sables blancs, et l'on voit mal comment des habitats humains sédentaires eussent pu respecter des objets aussi fragiles que des tubes de verre plantés verticalement dans le sol.

Et d'autres interrogations alors surgissent : Les sables blancs sur lesquels abondent Néolithique et fulgurites et se trouvant vers le haut des cuvettes ont-ils toujours occupé cette place ou ont-ils été "soufflés" à partir de l'affleurement en place, inférieur ? Ces fulgurites sont-elles récentes ? Est-il vraisemblable que les fulgurites puissent demeurer verticales et déchaussées depuis des temps anciens, prénéolithiques ? Autant de questions parmi tant d'autres qui, comme je l'ai dit, inciteront à étudier la Majâbat al-Koubrâ et ses particularités, pas toutes géologiques comme nous allons le lire à présent.

V

LA MAJÂBAT DANS L'ŒCOUMÈNE. OÙ L'ON PARLE DES PREMIERS HABITANTS DU LIEU, D'UN VILLAGE NOMMÉ ARAWÂN, DE VOLEURS SURPRIS, DE RARES POINTS D'EAU ET DE L'ABSENCE DE PLUIES

Nous serons ici d'emblée plongés dans la contradiction : ces bivouacs d'un soir, silencieux, éloignés de tout, nous donnaient l'impression de totale solitude. Ce sable que la main ramassait puis laissait écouler, nous seuls peut-être l'avions touché. Mais le temps est venu de corriger, du moins en partie, l'image, car nous avons jusqu'à présent parlé de la Majâbat comme d'un no man's land, mais "personne", comme Ulysse le savait déjà, cela veut dire "quelqu'un", et le voyageur qui traverse la région ne cesse de rencontrer, disséminés sur l'étendue, des vestiges d'activités humaines préhistoriques. Pierres taillées, pointes de flèches, débris de poterie… tout cela abonde à la surface des sables et que l'on pourra ramasser sans autre effort que celui de se baisser. Quant à estimer la richesse de ce qu'il peut y avoir en dessous, il n'en est quasiment par encore question. Fin décembre 1953, en dix jours de marche entre El Ghallâwîya et Aratân, soit la traversée des Bnaïg puis du Mreyyé, je dénombrai 98 stations néolithiques, en décembre 1954, entre Wâdân et Arawân : 155 ; en janvier 1955, entre Arawân et El Ghallâwîya : 480 !

Non, la Majâbat ne fait pas exception, si déserte soit-elle de nos jours, elle est, comme tout le Sahara, riche en vestiges préhistoriques, principalement néolithiques, attestant une occupation ancienne localement très dense. Ces industries toutefois ne sont pas uniformément réparties, mais très dispersées, avec des zones privilégiées, en particulier l'"aklé 'Awâna et l'"Habr-oû-Gdoûr, dont le nom fait d'ailleurs allusion à l'abondance des tessons de poterie. C'est, d'après Sevenet "le gisement de beaucoup le plus important" ; il s'agit d'une vaste région, où chaque cuvette est une riche station. Le même Sevenet insistait sur la richesse en préhistoire de l'"aklé 'Awâna, où il signale "la trace de véritables agglomérations avec une multitude d'ossements d'une relative jeunesse" ainsi que "de petites perles rouges et vertes" et "un curieux crochet en fer". Car tous ces sites, s'ils attestent la présence humaine il y a quelques dizaines de milliers d'années, sont aussi là pour prouver – harpons, hameçons et racloirs aidant – que vivaient là, dans un paysage verdoyant, des crocodiles, des poissons, des hippopotames, des bovidés, des cervidés… bref, que le paysage était paradisiaque comparé aux conditions actuelles.

Faut-il dire que, là aussi, d'importantes recherches et études restent à faire, sur le terrain comme à partir des abondantes collections ramenées par divers chercheurs dont moi-même ?

Pour les périodes plus récentes, par contre, il ne saurait être question de songer à esquisser une "histoire" de la Majâbat, puisqu'il ne s'agit que d'une partie d'un ensemble plus vaste, le Sahara occidental, et que, de plus, celle-ci constitue, dans ce dernier, un secteur depuis longtemps inhabité, et inhabitable : un no man's land n'a pas d'histoire autre que géologique, en somme !

Tout au plus pourra-t-on signaler des points par lesquels, si vide que soit depuis longemps la Majâbat, celle-ci appartient encore à l'œcoumène.

J'ai rappelé plus haut que l'un des itinéraires d'Al Bakri écornait la Majâbat, mais qu'Ibn Battoûta l'avait traversée, se rendant de Teghâza à Walâta. Il est possible que sur ces routes caravanières, qui ont connu des siècles d'activités, des objets anciens soient parfois découverts. C'est ainsi qu'un géologue trouva, à

Monuments lithiques de Meyateg, près de Wâdân.

environ soixante-dix kilomètres au sud-ouest du Gçeyb, une gueuse de cuivre de près de dix kilos et qu'un fer à cheval a été découvert à un jour au sud-ouest de la même localité, ainsi qu'un pichet de cuivre (n'ayant bien sûr rien à voir avec les objets utilisés localement) à environ cinquante kilomètres au sud-ouest de El-Mrâyer. La mésaventure de la caravane de l'Ijâfen, que je raconterai au chapitre suivant, est l'exemple même de ce qui pouvait advenir.

Il n'existe aucun lieu habité et, à ma connaissance, aucune ruine, dans les limites de la Majâbat. Deux localités méritent cependant d'être évoquées : la première, Arawân, parce qu'elle est juste au bord, la seconde, Tenyoûlig, parce qu'elle a pu constituer, pour les gens du Hawdh, une raison de traverser la Majâbat.

Arawân, donc, pour commencer. L'étymologie en est discutée : Marty y voit une allusion "au grand nombre de «cordes» nécessaire pour puiser dans ses multiples points d'eau", Péfontan le rattache au tamacheq – la langue touarègue – "Ara Iwoan", interprété tantôt par "puits ne permettant que l'emploi d'un seul délou", tantôt – et c'est l'avis auquel je me range – par "puits du troupeau de petits bœufs". J'ai en effet noté sur place un 'ahrâywan, nom, au début, d'un seul des puits et signifiant : "l'endroit où les bœufs viennent boire [l'eau salée]". La présence de bœufs à Arawân est attestée dans un passé récent puisque Oskar Lenz, ce fabuleux explorateur du Sahara, y en a vu : "Pendant mon séjour un troupeau de bœufs y arriva également pour être conduit au pâturage ; c'étaient des bœufs à bosse, des zébus… (*Timbouctou*, trad. 1887, p.94.)

L'ancienneté du point d'eau, et du village, n'est pas douteuse : il y avait à Arawân, dès le dernier quart du XVe siècle, "vers 1480", un cadi et un imam, et Léon l'Africain en parle au début du XVIe siècle. On possède aussi la généalogie des chefs d'Arawân de 1627 à nos jours.

Panorama d'Arawân (1934).

On signale aux environs d'Arawân deux ruines. Il s'agit d'abord de Dahr Tâleb, petit village où il y eut une dizaine de cases, et un puits, bâti par un certain Sîdi 'Ali Ould Chîkh, désireux, dit-on, de fuir l'impiété des captives dévoilées. Rappelons que René Caillié, dans son journal d'un voyage à Tombouctou, indique à six milles au nord d'Arawân : "Mourat, petit village composé de cinq maisons semblables à celles d'el-Araouan, et construites en briques de sable".

Relativement proche aussi, se trouve la saline de Tenyoûlig, qui intéresse la Majâbat dans la mesure où l'exploitation devait créer un courant d'azalay Walâta-Tenyoûlig.

Il n'est évidemment pas question de préciser la date de la "découverte" de la saline, bien que divers chiffres aient été avancés : vers 1855 (Chapouty), vers 1895 (Th. Monod). Tout au plus peut-on parler de la découverte de Tenyoûlig pour les gens du Hawdh, car la saline est évidemment très anciennement connue des Gwamîr de l'Adrâr et, sans doute, des Rgeybât. La tradition associe constamment à la "découverte" un certain Taleb Ould Khâlil el-Bousâti, qui vint un beau jour montrer aux gens de Walâta un échantillon du sel de Tenyoûlig. Ces derniers, las des périls de la route de Tâwdanni, apprécient la nouvelle et envisagent déjà les profits. Une importante azalay s'organise, qui comptera près de mille trois cents dromadaires, durera soixante-dix jours, mais ne remportera un succès si mitigé qu'il fallut attendre 1938-1939 pour voir la reprise de cette activité.

Pour être complet, il faudrait, à côté du nord-ouest et de l'est, rappeler que des relations ont existé entre le Twât et la Majâbat, les chroniques des oasis en conservent la trace et c'est ainsi que nous trouvons mention : en 1272, de gens arrivés au Twât venant de l'Adrâr ; en 1273, d'un ghazzi (une expédition de pillage) venu de Tîchît au Twât ; en 1299, de l'arrivée de gens de Tîchît, les Harezma ; en 1464, de l'arrivée au Twât d'un chef Oulad Delim, venu de Tîchît, et d'une tribu de l'Adrâr, les "Alalïa". A croire que le désert n'en est pas un !

Bien des routes, toutefois, au cours des siècles, sont tombées en désuétude, non seulement sur le trajet Tinbouktoû-Bou Jbéha-Amrenân-Walen, mais sur bien d'autres axes, la route Tâwdanni-Twât par l'Aregchâch, par exemple.

A côté de l'axe nord-sud ou nord-ouest – sud-est emprunté par les ghazzi rgeybât ou, exceptionnellement, autres, il ne faut pas oublier que, jusqu'à une époque relativement récente (1906), la Majâbat ou ses confins pouvaient voir passer parfois des expéditions de pillages – les ghazzi – de Touaregs de l'Adrâr ou même du massif central Ahnet-Ahaggar.

Citons quelques exemples : en 1880, ghazzi touareg, malheureux, vers Ettelig ; en 1882, un parti de quatre-vingts guerriers (Taitoq et Kel Ahnet plus quelques Kel Ghela) s'avance jusqu'à la Sagia al-Hamra, aux environs de l'Océan, mais devant le nombre de troupeaux (et par conséquent de leurs défenseurs), rebrousse chemin sans avoir osé attaquer ; ce ghazzi reste huit mois absent, pendant lesquels les femmes souffrent de la disette :

Mon repas du soir est du bois sec, je suis morte de faim.

La faim a enlevé la chair de nos os, sans en rien laisser... (Père de Foucauld, *Poésies touarègues*.)

En 1893, ghazzi de plus de 50 Kel Ahaggar jusque dans Elghekla, à l'ouest d'Arawân et, en 1894, ghazzi de 600 Kel Ahaggar sur les Oulad Bouredda, à l'ouest d'Arawân : il tue 80 hommes, en perd 15 et enlève 6 000 chameaux.

En 1901, ghazzi Ahaggar sur les Brâbich, en 1905, ghazzi des Kel Ahaggar et des Taitoq, dans l'Ouest :

J'ai marché dans l'Ouest pendant dix-huit jours ;
j'ai contourné Taoudenni, passant entre elle et les puits ;
je suis monté au sommet de Foumm-alous pendant que mes compagnons dormaient... (Ibidem.)

L'histoire du ghazzi d'Ezȯiouel agg Ag-Serada (1906-1907) mérite d'être évoquée ; pour prodigieuse que soit l'aventure, elle n'est certainement pas unique, mais c'est la seule de cet ordre que nous connaissions. Elle nous offre des personnages, de l'action, un cadre naturel grandiose, tous les ingrédients d'un film qui enchanterait les foules. Matérialiste impénitent, je ne me laisse cependant pas entraîner par l'action au point d'en oublier les détails, d'en étudier les aspects techniques, d'en vérifier les données.

J'ai, par ailleurs, détaillé les trois premières sources dont nous disposons : récit d'un survivant recueilli par des officiers français, poèmes touaregs inspirés par le désastre du ghazzi, archives du Soudan et je ne m'étendrai ici que sur la quatrième : la source maure. Celle-ci est d'un grand intérêt puisqu'elle permet de préciser la date et le lieu du combat. Ahmadou Mahmadou Ba rapporte qu'au moment où le gros ghazzi de Mohammed Ould el-Khalil, rassemblé à Zemlet Ould Dekhân (Hammami), s'apprêtait à lancer ses mille deux cents guerriers contre les Oulad Boû Sba', "le campement des Régueibat est assailli par trente-cinq à quarante «hommes à tresses» (Touaregs) montés sur des chameaux remarquables par leur taille. Facilement repoussés, les assaillants sont poursuivis et tués pour la plupart. Les Régueibat n'ont jamais su d'où provenaient ces audacieux pillards. Ce succès est regardé comme un heureux présage par le ghazzi en formation. Celui-ci part vers le milieu de décembre 1906."

Toutefois, la source maure de beaucoup la plus importante est celle que je dois à l'obligeance du colonel Borricand, que j'avais prié de rechercher d'éventuels témoins de l'affaire. Mon correspondant a pu interroger deux Rgeybât, un vieillard de soixante-quinze ans environ qui avait participé au combat et un second informateur, jeune à l'époque du ghazzi de Foucht mais qui déclara avoir beaucoup entendu parler de l'affaire.

Les deux dépositions concordent à peu près et en voici le résumé :

"L'année de Foucht, les campements rgeybât Sahel et Lgwaçem (après un meurtre commis sur les Aït Ouna) se sont portés du Zemmour à Zemlet Ould Dekhân. C'était en hiver et l'année était favorable (très nombreuses dayas) ; leur intention était de monter un très gros ghazzi pour en finir avec les Oulad bou Sba'. A cette fin, et comme nous ne possédions jusqu'alors que des kehamat (fusils à pierre), il avait été décidé que tout Rgeybi aisé achèterait un fusil modèle 1874, dont la valeur était à l'époque de sept âchar (chamelles pleines). Un ghazzi de Touaregs venu du pays des Ajâm (Touaregs), probablement perdu, est arrivé dans la région de Zemlet Ould Dekhân. Il s'est emparé de deux Kedadra chasseurs d'addax et les a obligés à les mener sur les campements. Le ghazzi touareg, qui comprenait une cinquantaine d'hommes, a fait irruption sur les troupeaux Oulad Moussa au pâturage en fin d'après-midi et s'est emparé facilement d'un grand nombre de chamelles avec lesquelles il a repris la route du sud-est. Nous avons d'abord cru qu'il s'agissait d'Oulad bou Sba. Une fezza désordonnée s'est lancée sur leurs traces : elle comprenait des cavaliers (les juments étaient alors assez nombreuses), des méharistes dont la plupart portaient un rdif en croupe, et des hommes courant à pied.

"Les cavaliers de poursuite ont atteint les Touaregs de nuit et les ont retardés en les obligeant à des arrêts et à des retours offensifs. L'armement des Touaregs était composé d'un certain nombre de fusils de guerre et de traite et, surtout, de lances et de sabres maniés avec vigueur, adresse et courage. Déjà retardés par les cavaliers, les Touaregs ont été arrêtés dans leur marche par une très grande dhâya. Cela a donné le temps au gros de la fezza de rejoindre et d'encercler l'adversaire.

"Un violent combat corps à corps s'est engagé de nuit, au cours duquel les Touaregs ont tous été tués sur place à part un petit groupe (huit hommes ?) qui, à la faveur de l'obscurité, a réussi à échapper aux poursuivants. Il n'a été fait aucun prisonnier, blessé ou non, susceptible de donner des renseignements sur la région d'origine du ghazzi, son itinéraire, ses intentions, etc."

Une enquête minutieuse révèle que les vainqueurs ont exagéré : l'assaillant, au moment du combat, de ce coup de pied dans une fourmilière dont on avait oublié qu'elle pouvait avoir une réaction, eut onze tués et ce sont vingt-huit hommes qui purent s'enfuir. La mort ne les avait pas oubliés pour autant.

Reprenons maintenant l'histoire dans son déroulement, du début à la fin :

Le ghazzi, composé de trente neuf hommes – dont l'identité a été retrouvée pour tous sauf un –, serait parti d'un point des Iforas que je n'ai pu identifier,

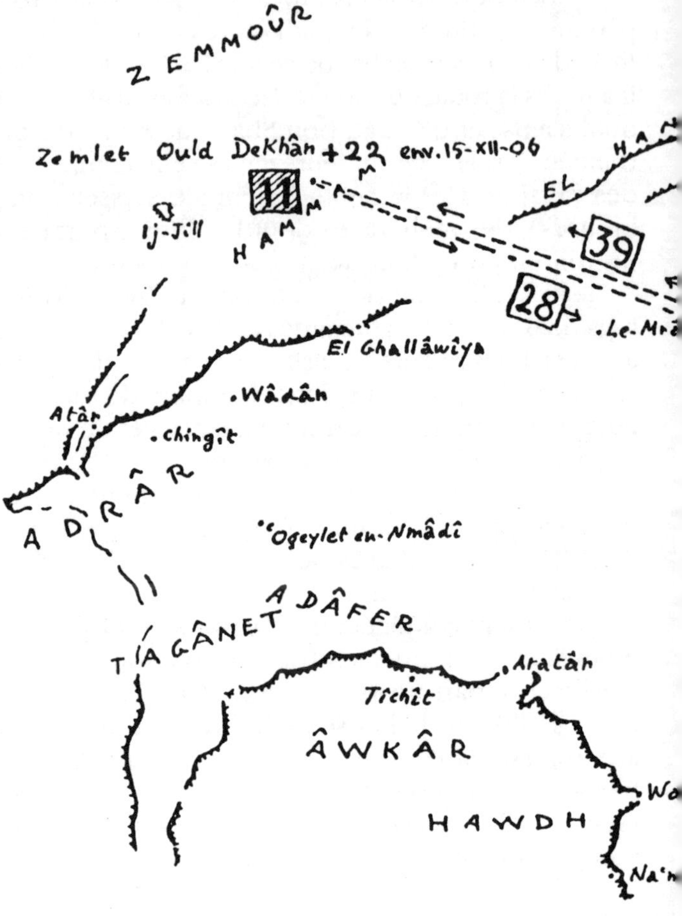
ZEMMOÛR
Zemlet Ould DeKhân +22 env. 15-XII-06
11
Ij-Jill
HAMM
EL HAM
39
28
.Le-Mr
El Ghallâwiya
.Wâdân
Atâr
.Chingît
ADRÂR
Oqeylet en-Nmâdî
ADÂFER
TAGÂNET
.Aratân
Tichît
ÂWKÂR
HAWDH
Wa
Na'

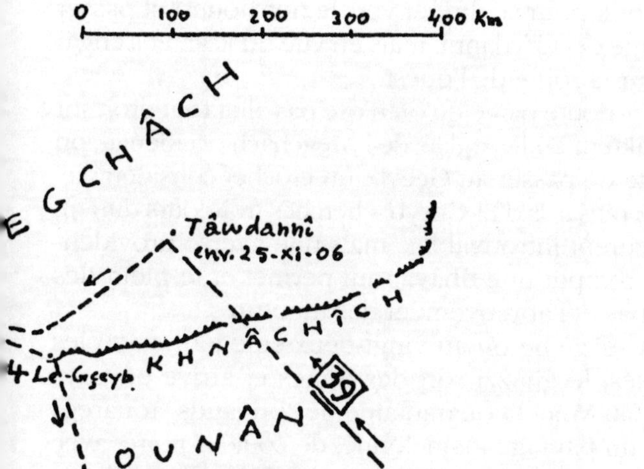

Croquis illustrant l'histoire du Ghazzi d'Eziouel : dans les carrés blancs, nombre d'hommes, dans les carrés hachurés, chiffre des morts ; les chiffres précédés d'un + indiquent les nombres de jours comptés à l'aller à partir de Tawdannî, au retour à partir de Zemlet.

"In Dioa", vers le 3 novembre 1906. Le 10, il traverse Mabrouk pour se diriger vers le nord-ouest et passer au large de Tâwdanni, mais en vue du ksar, et s'engager sur la route de l'ouest.

Sans doute parce qu'on n'ose pas aller tout droit sur Agarâktem ou les oglats de l'Aregchâch occidental, on décide de passer au Gçeyb, un crochet considérable.

Les puisards d'El-Gçeyb, cherchés trois jours durant, demeurent introuvables, mais une averse providentielle remplit une dhâya, qui permet et le plein des guerbas et l'abreuvement des montures.

Au seizième ou au vingt-deuxième jour selon les sources, le ghazzi sort des dunes et arrive en pays rgeybât. Voici la quarantaine de "brigands" touaregs dans un paysage mamelonné, de couleur noire, avec des oueds plantés de Traganum, de Nucularia et d'acacias. On capture deux nomades, un Reguibi, que l'on tue, et un Kenaki, que l'on contraint à servir de guide.

Bientôt – en fin d'après-midi – voici, à Zemlet Ould Dekhân, les campements "qui paraissent de petite importance", et le ghazzi se met à l'ouvrage, selon un rite pourrait-on dire, il brûle des tentes et rassemble des troupeaux de chamelles. La chance n'est cependant pas au rendez-vous : ce n'est pas sur un campement ordinaire que l'on est tombé, mais sur la harka de Mohammed Ould el-Khalil, prête à partir au combat comme les Oulad Boû Sba'. L'alarme est vite donnée, la contre-attaque se déclenche avec violence : d'abord quelques guerriers à cheval, d'autres à chameau ou à pied puis, bientôt, six cents combattants bien armés. Un contre quinze ! Non seulement les Touaregs sont repoussés, mais rejoints, harcelés, contraints au corps à corps.

Les Touaregs se défendent de leur mieux : "Ezouiel eut son méhari traversé ; froidement il met pied à terre, desselle sa monture étendue sur le sol et saute en croupe derrière un de ses fidèles ; une balle l'y atteint en plein dos et l'étend sur le sable. Le guide est tué ; Akhmed Ag-Wankila est tué, Salkhou est tué, Hamadi Agg el Habib est tué…" Onze morts jonchent le terrain. Il faut précipitamment battre en retraite, en abandonnant toutes les prises. Au terme du "décrochage", facilité par l'obscurité, il ne reste aux vingt-huit fuyards que dix-huit montures dont quatre seulement non blessées, "plus de vivres, plus de guide, seulement deux jours d'eau".

Et la retraite commence, par un itinéraire sensiblement parallèle à celui de l'aller, à travers la Maqţîr d'abord, puis l'extrémité sud-ouest de l'Aregchâch. On vit de la viande des chameaux qui tombent, et de celle de deux addax. Au bout de quatorze jours, on trouve un puits, inconnu des Touaregs, et que notre enquête identifie avec El-Gçeyb (dans la région, du moins, comme à l'aller mais certainement pas au même endroit). Le ghazzi ignore sa position et hésite sur la route. Il marche d'abord cinq jours au sud-sud-est. C'est, à leur insu, la bonne direction, presque celle d'Arawân, qu'ont prise les naufragés. Mais les voici qui s'inquiètent : il n'y a plus ni eau ni vivres et les vingt-huit survivants ne disposent plus que de cinq montures. Il est devenu évident que tous ne s'en sortiront pas.

Quelle direction prendre ? Les avis sont partagés et la discussion s'échauffe, envenimée par la désunion des deux groupes juxtaposés, Taitoq et Ahaggar. Exaspérés, les deux partis, ceux qui veulent aller au sud (la plupart des Taitoq) et ceux qui penchent pour l'est (Ahaggar), en viennent même aux mains.

Et les deux groupes se séparent. Quatorze Taitoq et Kel Ahnet et un chameau marchent au sud. Ils n'ont jamais reparu, dévorés par Le-Mreyyé ou l'"Awâna. Les quatorze autres, avec quatre chameaux, marchent à l'est. Au bout de quatre jours, il leur faut abandonner cinq hommes, et le même nombre encore cinq jours plus tard. Les quatre derniers, moribonds, atteignent le mejbed d'Arawân, y trouvent de l'aide. Le chef du ksar envoie des hommes et des chameaux, qui retrouvent vivants les cinq derniers abandonnés.

Il est trop tard néanmoins et ceux-ci succombent, probablement à Arawân, après avoir bu. Les survivants recevront l'aide nécessaire pour regagner leurs campements. Nous sommes le 16 janvier 1907. Les quatre rescapés avaient quitté Zemlet Ould Dekhân trente jours auparavant. Depuis le 10 novembre 1906, ils marchaient dans le désert !

Le désastre du ghazzi d'Eziouel devait être, longtemps encore, chanté sous la tente, comme en témoignent ces poèmes, recueillis par le père de Foucauld, célébrant la valeur des guerriers :

Cette expédition fait mourir de douleur !
Elle me remplit d'une foule de pensées :
mes frères qui sont partis et ne sont pas revenus !
Rien n'arrive que ce que Dieu fait.
Ils ont passé un mois sans boire quoi que ce soit.
Ils ont marché jusqu'à ce qu'ils aient paru devant les campements ;
le dos sablonneux où étaient les tentes était devenu pareil à une fourmilière,
ce n'étaient de tous côtés que têtes rasées [les enfants ?] et chevelures flottantes [les femmes ?].
J'ai entendu dire qu'ils ont pris mille chameaux sur le champ de bataille ;
ils ont frappé de balles les juments à longue crinière,
ils ont été frappés à leur tour ;
quand le soleil s'est couché, onze d'entre eux étaient morts, nul de ces onze ne vivait…

Un désastre donc : quatre survivants sur trente-neuf partants, mais un exploit incroyable aussi pour ceux-ci – du moins pour nous qui considérons leur aventure avec du recul : cinquante-deux jours passés dans le désert, quasiment sans boire les trente derniers et, au total, au moins deux mille cinq cents kilomètres parcourus, dont une moitié à pied, à travers un des déserts les plus hostiles qui soient.

Répétons-le ici, ce qui fait de la Majâbat une région bien particulière, c'est à la fois son caractère exclusivement sablonneux et l'absence complète de points d'eau. Et c'est cette dernière qui, bien sûr, empêchant tout établissement humain, réduit la présence de l'homme aux seuls razzieurs ou chasseurs d'addax de passage. Je ne parle pas des scientifiques qui, eux, n'appartiennent ni à l'une ni à l'autre de ces espèces.

Jusque dans les années cinquante, la pénétration des chasseurs d'addax dans la Majâbat était régulière. Ceux-ci, descendus du nord – de l'Adrâr, de Wâdân, El Ghallâwîya ou des oglats de l'Aregchâch – quand venait "l'hiver", restaient de quatre à six semaines en campagne, pour ramener des butins fructueux. Sevenet cite le cas d'un parti de six fusils revenu avec un butin de trois cent cinquante-six têtes ! Mais il note aussi que ces "plus hardis coureurs de désert… malgré leur sens prodigieux de l'orientation, répugnent à s'aventurer trop avant dans le Méréïé où les risques de s'égarer sont gros". Quelle est l'influence de cette chasse sur la population animale ? Il semble difficile de préciser, faute de tous renseignements comparatifs échelonnés dans le temps, la nature et la tendance de l'équilibre chasseur/gibier. Il n'est toutefois pas douteux que la multiplication des armes de guerre et l'ouverture de la Majâbat à la circulation automobile ont accentué dangereusement la pression sur les addax. Nous ne devons malheureusement pas oublier qu'ailleurs dans le monde il aura fallu peu d'années pour exterminer, même sur de vastes surfaces, nombre d'espèces animales. Et l'expérience, on ne le sait que trop, n'est pas ce qui instruit les hommes !

J'ai admis plus haut que les seuls usagers de la Majâbat étaient les chasseurs et que le nomadisme s'y voyait interdit. Ce n'est que partiellement vrai, puisque, sur les bords, le campement peut, en certaines circonstances et, vers le sud, saisonnièrement, "mordre" plus ou moins sur la Majâbat. C'est le cas dans le Warân, et sur les confins méridionaux, d'"Ogeylet en-Nmâdî à Arawân : "Dans le sud, écrit Sevenet, une première vague de nomades monte dans l'Irrigui dès les premières pluies et y séjourne facilement, même avec des bœufs, grâce aux mares d'hivernage ; les grosses chaleurs d'octobre et la sécheresse ramènent tout ce monde vers la ligne des pluies. Mais, dès les premiers froids de novembre, une seconde vague d'éleveurs de moutons et surtout de chameaux monte dans l'Adafer et l'"aklé où les pâturages peuvent rester verts pendant tout l'hiver, ce qui dispense d'abreuver les animaux. Dès mars, ces gens doivent à leur tour s'en aller ; cependant, il reste généralement une quantité de pâturages en paille qui pourrait encore être exploitée et, dans le nord, d'immenses étendues de hâd sont perdues pour tout le monde."

La transhumance décrite ici se retrouve sur toute la longueur de la frange méridionale : à la saison sèche, on voit les campements remonter jusque fort avant dans l'Adâfer el-Abyodh (et jusqu'aux Cheggât), jusqu'à la Tâyâret Gasrawât ou dans l'"Aklé 'Awâna.

C'est l'éternelle ironie du paysage saharien : de l'eau sans pâturage ou du pâturage sans eau. Ce qui ne peut durer plus de quelques mois d'hiver, l'eau devenant tôt ou tard nécessaire. Et, je le répète, la Majâbat est particulière en ce qu'elle est exclusivement sablonneuse et dénuée de points d'eau.

Comment comprendre la chose, s'il faut admettre avec Cortier que "c'est un fait d'expérience qu'au Sahara, presque partout où il y a de l'eau, il y a un puits ou il y a eu un puits" ? On doit douter, en effet, qu'il puisse exister au Sahara des lieux où de l'eau accessible aux moyens indigènes de forage (ou d'entretien) n'ait pas été atteinte, même si, ultérieurement, le puits s'est vu abandonné.

Quoi qu'il en soit, le résultat est là : il existe quelques puits abandonnés au bord sud-est de la Majâbat, ainsi qu'à l'ouest-sud-ouest d'Arawân, à Hassi el-Abyodh et Boâ Nâga, au nord-nord-ouest d'Arawân ; dans l'Irîgi aussi, à Bir Chîkh Ahmed, et quelques autres... Ainsi que les forages auxquels les services de l'Hydraulique ont pu procéder ces dernières années. Pour tous, l'eau se trouve entre quarante-cinq et soixante-cinq mètres de profondeur. Mais tous ces puits – une petite trentaine au total – sont sahéliens.

Aucun point d'eau n'a jamais été signalé dans Le-Mreyyé ou les Bnaïg, sauf El-Mrâyer, et encore s'agit-il de puisards saumâtres.

Pour Sevenet, qui admet que "le Djouf, à latitude égale, est tout aussi arrosé [il faudrait, hélas, dire : aussi peu...] que les régions avoisinantes, ainsi que le prouve la végétation", les abandons de points d'eau en bordure de la Majâbat seraient dus avant tout à l'extrême difficulté d'entretien dans une région où le seul matériel de coffrage est la paille et la racine de talha". Oui, autant il est plaisant de ramasser une poignée de sable et de le sentir filer entre les doigts, de laisser s'écouler la "roche fluide", autant on peut haïr ce sable qui absorbe toute humidité et s'éboule sans cesse dans le creux que l'on essaie de former pour chercher l'eau.

Encore que nous ne sachions pratiquement rien de la pluviométrie, et que l'extraordinaire pauvreté de la flore puisse prêter à réflexion, il reste que la Majâbat est privée non seulement de puits proprement dits, d'un type dont le coffrage, en milieu sableux, s'avérerait en effet impossible, mais même d'oglats, de puisards parfaitement coffrables (temporairement) au sbot. Et pourtant, que d'emplacements en apparence favorables présentent les vallées interdunaires tapissées de dépôts lacustres ! Peut-être en effet pleut-il aussi peu sur la Majâbat que sur l'Aregchâch, mais ce dernier a ses puits, ses oglats et, après l'averse, ses dhâya. La Majâbat, elle, n'a ni les uns ni les autres, et il faut bien alors incriminer la lithologie. Le plancher rocheux de l'Aregchâch (et *a fortiori* de l'Adrâr, etc.)

n'explique pas seulement les dhâya, il rend compte également de points d'eau alimentés par des écoulements orientés et par conséquent "totalisateurs". La nappe de sable de la Majâbat, privée de ruissellement, ne connaît pas de directions privilégiées d'écoulement : elle ignore, littéralement parlant, toute hydrographie. La goutte tombée reste sur place. Si elle s'infiltre, verticalement, ce n'est peut-être pas pour aller bien loin, car il faudrait de très fortes pluies pour que la longueur d'un bras humain n'ait tôt fait de retrouver sous la couche humide le contact du sable sec. C'est peut-être, en définitive, cette absence complète de concentration de l'eau tombée et, partant, cette complète impossibilité d'emmagasinement, qui condamne la Majâbat à ne pouvoir, organiquement, congénitalement, posséder aucun point d'eau, de profondeur accessible au nomade, j'entends ; et par là même la condamne à ne voir s'établir aucun homme, ou à mener la vie dure aux téméraires qui s'y aventurent, comme en témoigne l'histoire contée dans les pages qui suivent.

VI

OÙ IL EST QUESTION D'UNE DÉCOUVERTE EN PLEIN OCÉAN, DES QUESTIONS QUI SE POSENT AUTOUR DE L'ÉPAVE, D'UN PARTI DE MARAUDEURS VOLEURS DE DROMADAIRES ET D'UNE CARGAISON DE BARRES DE LAITON

C'est par hasard que, le 10 mars 1962, rencontrant vers Lekdim, entre Dar Mohammed Fadhel et Hasseï Dhibé, dans la Hofrat Wâdân, Adrâr de Mauritanie, une patrouille méhariste, j'apprenais d'un des goumiers, Ould Bou Cheikh, un amgarij de la région, que deux chasseurs d'addax avaient trouvé des barres de cuivre dans Le-Mreyyé et en avaient rapporté quelques-unes, ainsi que des cauris, dans l'Adrâr.

Le renseignement était important car il s'agissait, selon toute vraisemblance, d'objets abandonnés par une caravane venue du Maghreb et en route pour le Soudan, peut-être même du "naufrage" d'une caravane : un renseignement précisait que la quantité des barres de cuivre pouvait représenter "le chargement d'un camion".

Il fallait, de toute façon, essayer d'atteindre le site. Une première tentative, en janvier-février 1964, comportant un trajet de vingt jours sans eau, avec une double traversée des Bnaïg, jusqu'à la limite Ijâfen-Mreyyé, et ayant pour "guide" l'amgarij Sliman Ould Sliman, devait échouer : arrivés à l'"Elb le-Fçal, il ne nous a pas été possible de retrouver les Ahel Guejmoul, occupés à la chasse des addax, et sur lesquels je comptais pour retrouver le site qu'ils avaient eux-mêmes découvert, probablement en février 1962. Il n'existait bien entendu aucune chance quelconque, avec des données très vagues et dans une région dunaire totalement dépourvue de points de repère, de découvrir le gisement sans le concours d'un des chasseurs en ayant personnellement reconnu l'emplacement.

Dès décembre 1964, une nouvelle expédition pouvait être organisée, avec l'aide des autorités mauritaniennes : elle comprenait, avec moi, Salek Ould Guejmoul, justement l'un des chasseurs amgarij ayant découvert le site, et deux goumiers. Nos animaux étaient au nombre de cinq : trois montures et deux chameaux de bât, portant chacun deux tonnelets métalliques de quarante-cinq litres.

Le 2 décembre, nous quittions Wâdân pour El Ghallâwîya, par Hasseï Dhibé, le Triq Akharaï et Armadiyyé où un séjour de trente-six heures au campement de Salek était nécessaire pour le règlement de divers détails matériels (réparation de guerbas, recherche d'un tonnelet de remplacement et d'un bât) ; le 7 décembre, arrivée à El-Ghallâwîya : abreuvement, plein des tonnelets et des guerbas, au nombre de quatorze.

Le trajet sans eau durera 22 jours, soit 177,04 heures à pied et 2,54 à chameau, au total 179,58 heures, représentant quelque chose comme 720 ou 750 kilomètres.

J'ai relaté, dans des publications spécialisées, le détail de mes observations au cours de ces deux trajets : les espèces végétales rencontrées, les coques nymphales de *plocaederus* ramassées, les traces et crottes d'autruche et d'outardes, les 139 stations néolithiques dont 63 associées à des fulgurites relevées dans les Bnaïg et, pour ne pas lasser mon lecteur d'aujourd'hui, je me contenterai d'un résumé de mes notes de l'époque, qui montre bien que pour ne pas se perdre dans ce vide, il est impératif de compter les ondulations du terrain, creux et bosses qui, à leur manière, sont de véritables panneaux indicateurs, mais qui montrent aussi parfaitement les limites de nos systèmes scientifiques confrontées à un sens inné des lieux :

"Du 8 au 16 décembre, traversée des Bnâig (Warân, Taçârât, Tamokrârt, Tweyyirât al Hamra, Ijâfen) avec 129 'alab et arrêt dans l''aïn 129-130, l''elb 130 étant, ici, l'‘elb le-Fçal. Le cap suivi avait été 110-120° mg et la progression ralentie les 9-11 décembre par 36 heures de pluies et d'orages, avec une giboulée de grêle (sable mouillé sur 15 centimètres).

“Dans l'‘aïn 129-130, Salek a observé autrefois des traces de voitures : il s'agit donc de celui par lequel la mission Trinquet de 1936, arrivant du nord, a débouché dans la plaine du Mreyyé, en un point identifiable sur le levé Padovani, qui figure sur la plupart des cartes. Salek a certainement utilisé comme repère la terminaison sud-ouest de l'‘elb 130, l'‘aïn 129-130 s'ouvrant ici sur le Mreyyé et l'‘elb 129 venant relayer le 130 et devenant à son tour l'‘elb le-Fçal, terme qui désigne donc, plutôt qu'un cordon déterminé et le même de bout en bout, simplement le cordon qui, en un point donné, se trouve matérialiser la frontière Ijâfen-Mreyyé.

“Le 17 décembre, Salek nous fera d'abord suivre l'‘aïn vers le nord-est (70° mg) pendant environ deux heures, pour obliquer ensuite au nord sur 30° et attaquer successivement les ‘alab 129, 128, 127 et 126 ; ce dernier franchi, il obliquera à flanc d'‘elb sur 70°, s'attendant à retrouver le site dans cette direction. Rien n'apparaissant, nous nous trouverons vers 14 heures avoir retraversé obliquement l'‘elb 126 pour nous retrouver, par conséquent, dans l'‘aïn 126-127. Puisque nous serions, de toute façon, a proximité du point cherché, il n'apparaît pas utile de procéder avec la petite caravane tout entière aux tâtonnements encore à prévoir. Mieux vaut s'arrêter et laisser le guide battre les environs à chameau. Très vite, d'ailleurs, Salek revient au camp, ayant retrouvé le gisement, dont nous étions à une demi-heure de marche ! Le site était, en réalité, sur le flanc nord-ouest de l'‘elb 127 et non 126, donc sur le 4e, et non le 5e, en partant du Mreyyé.”

Quand on songe que nous nous trouvions engagés depuis dix jours dans un no man's land sablonneux sans aucun point de repère, et maintenant à environ deux cent cinquante kilomètres du dernier point d'eau, on s'étonnera sans doute non pas que Salek ait manifesté au cours des dernières heures de la recherche quelques hésitations mais bien plutôt qu'il soit parvenu à retrouver dans un océan de sables un objet plat de quelques mètres de diamètre… C'est, en fait, aussi stupéfiant que de parvenir à retrouver en pleine mer, et hors de vue de toute côte, un îlot émergeant de moins d'un mètre et notablement plus petit que le bassin des otaries au Jardin des plantes.

Salek, rusé comme le fennec ubiquiste de la Majâbat, avait depuis plusieurs mois fait courir le bruit, dont les échos étaient parvenus jusqu'à Atar, Nouakchott et Dakar, qu'il avait procédé à un "déménagement" du matériel, allant jusqu'à préciser la distance du déplacement, le nombre des chameaux utilisés et celui de leurs rotations. Ces affirmations avaient été répétées à Wâdân, en ma présence, devant M. le résident Tidjane Kane et je n'avais *a priori* aucune raison de douter de leur véracité, encore que l'objet d'un travail aussi insolite demeurât évidemment inexplicable. Aussi, parvenu sur le gisement que je pouvais croire le "primitif" et m'informant de l'emplacement du "secondaire", j'eus la surprise d'apprendre que ce dernier n'avait jamais existé et que le site où nous nous trouvions était bien le seul connu, et dans son état original. Salek n'avait rien déplacé du tout mais, cherchant à décourager à l'avance d'éventuels concurrents et à éliminer ces derniers d'une entreprise pour lui lucrative, il avait imaginé une ruse qui, me dit-il, n'était pas un "mensonge" mais simplement de la politique. On appréciera la finesse du distinguo ou, si l'on préfère, le cynisme de la synonymie…

Le 18 décembre, la journée sera consacrée à l'étude du Ma'den Ijâfen mais, dès 15 h 30, nous levions le camp pour prendre la route du retour, dans une direction d'ailleurs un peu incertaine : instinctivement, mes compagnons auront tendance à regagner au plus vite le Trab Kahle – le Pays Noir – les cailloux rassurants de l'Adrâr habité, tandis que je chercherai, et parviendrai, à infléchir peu à peu la trajectoire en direction de Wâdân. Même avec cet objectif en vue, d'ailleurs, nous naviguerons, comme au cours de l'expédition de février de la même année, trop au nord et, au lieu de déboucher directement sur Wâdân par le sud de la Hofrat, nous sortirons du Warân à plusieurs heures à l'est de la falaise de Twijinit.

Le 29 décembre, j'étais à Wâdân, après avoir marché la veille onze heures quinze à pied, et le 30 à Dakar.

Le lieu fut donc appelé soit "Ma'den Ijâfen", "la mine de l'Ijâfen", soit "Blad al-Wuda'", "l'endroit des cauris". Faute d'un point astronomique en établissant la position, celle du site devra rester malheureusement très approximative, ce qui est d'autant plus regrettable qu'il n'existe, je l'ai dit, aucun point de repère utilisable à une très forte distance à la ronde. Il paraît en tout cas impossible de retourner au Ma'den Ijâfen sans l'aide d'un ou plusieurs hommes ayant vu le site. En son temps, j'avais dressé une liste de ces derniers. J'ajoute qu'il ne serait pas du tout impossible d'atteindre le site en voiture et que ce sera d'ailleurs la seule façon utile de procéder puisqu'il s'agira d'enlever la totalité du métal et des cauris encore en place.

Mais à quoi donc ressemble cette épave ? demande le lecteur impatient. J'y viens. Cette fois encore, le désert se révèle riche en histoires, en énigmes autour desquelles le scientifique doit devenir enquêteur.

La première hypothèse qui m'était venue à l'esprit était celle d'une épave "naufrage". Mais, en réalité, il ne s'agissait pas d'un matériel polymorphe représentant les restes d'une caravane perdue, tels que harnachements, objets personnels, débris osseux animaux ou humains, sinistres témoins d'un désastre au bout de journées sans eau ou de vents terrifiants. Non, moins médiatiquement diraient certains rapaces du sensationnel, il s'agissait plutôt d'une épave “dépôt”, d’un matériel soigneusement entreposé et destiné à se voir ultérieurement récupéré. A la fois la nature des objets stockés (charges de caravane commerciale) et leur disposition parlent dans ce sens. J’aborderai plus bas le détail de cette nature et de cette disposition, pour commencer par les interrogations : Que s’est-il passé pour que les caravaniers, nullement perdus, aient décidé de constituer un pareil dépôt ? Pourquoi ce dernier a-t-il été établi et pourquoi n’a-t-il pas été enlevé ? Deux hypothèses se présentent pour chaque problème.

Celle d’un dépôt-relais n’est pas, en théorie, absurde : on peut imaginer en effet, encore que rien dans les textes, à ma connaissance, ne nous en parle, un trajet divisé en segments, une première caravane venant déposer ses charges en un point donné, une autre caravane venant les y chercher. Objections immédiates de l’enquêteur : dans ce cas, le lieu choisi eût été plutôt un point d’eau, ou au moins un endroit aisément reconnaissable, marqué de quelque repère, plutôt qu’un point entièrement arbitraire, au cœur d’une immensité de sables ondulés et, d’autre part, la quantité même du matériel stocké, représentant probablement la charge de cinq ou six animaux, ne saurait guère concerner une caravane aussi importante que devaient l’être la plupart de celles qui traversaient le désert.

Je préfère donc une hypothèse plus vraisemblable : la caravane a campé pour la nuit ; des pluies récentes ayant fait lever azdran et lehmé et reverdir le hâdh, on a lâché les chameaux entravés. A l’aube, les chameliers doivent constater qu’il manque une dizaine d’animaux. Un parti de maraudeurs qui suivait la caravane a, profitant de la lune, enlevé ces quelques bêtes, ou bien il a attaqué le camp et, repoussé, n’a pu en emmener davantage. De toute façon, voilà nos marchands en difficulté : on est encore à cinq jours d’Aratân, à dix de Walâta, impossible de répartir sur les autres bêtes les charges des animaux disparus…

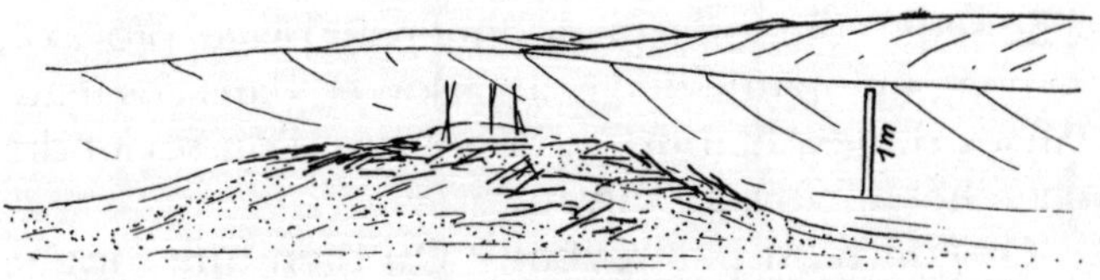

A. Le site du Ma'den Ijâfen, de l'ouest.

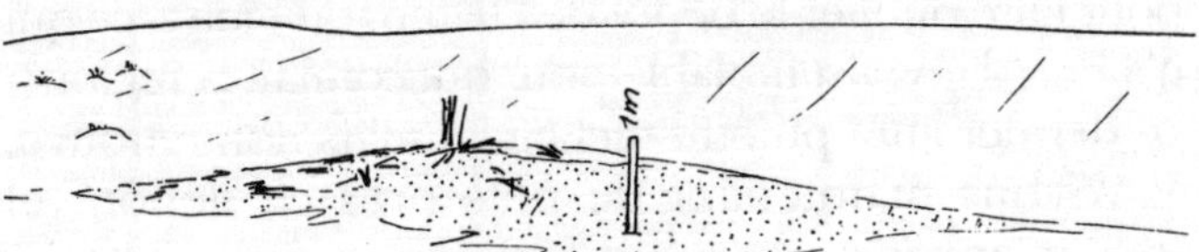

B. *Idem*, du sud.

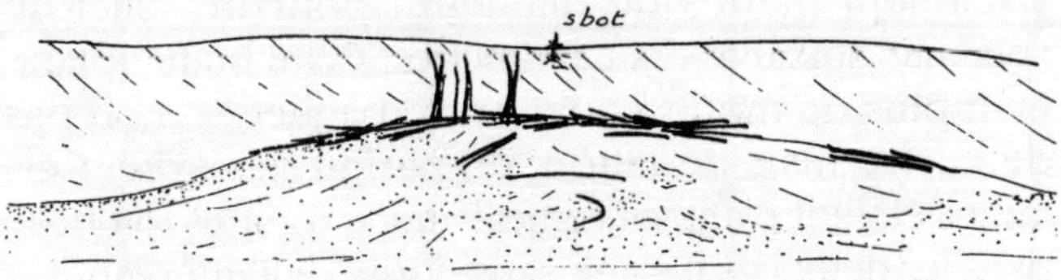

C. *Idem*, de l'est.

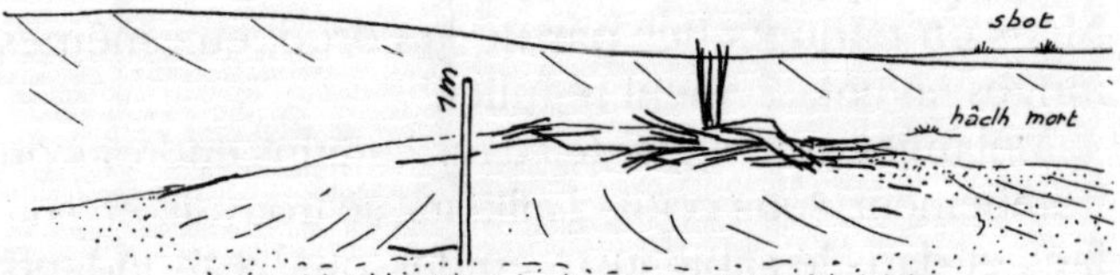

D. *Idem*, du nord.

Dans la fig. A les parties laissées en blanc du gisement représentent celles qui sont couvertes de cauris : on notera que celles-ci sont particulièrement abondantes sur les faces est et nord et tout spécialement sur cette dernière.

Une seule solution : abandonner sur place, provisoirement, une partie de la cargaison et, dans ces mauvaises dunes, établir un dépôt que l'on reviendra chercher au voyage suivant.

Or l'on n'est pas revenu ! Ou bien une longue période d'insécurité s'est alors instaurée sur les pistes occidentales, interrompant ou au moins détournant le trafic caravanier Maroc-Soudan à travers la Majâbat, des années peut-être, assez longtemps en tout cas pour faire oublier le dépôt de l'Ijâfen, ou bien – ce qui n'a rien d'invraisemblable pour qui connaît la région – ce dernier aura pu être recherché mais non retrouvé.

Voyons maintenant de plus près ce dépôt, tel qu'il m'apparut :

Le gisement, bien qu'à découvert, se trouve à flanc d'‘elb, dans un ensellement dunaire, il est donc caché, et visible de près seulement. Sa forme est celle d'un médiocre bombement plus ou moins circulaire de six à sept mètres de diamètre, pour un relief de soixante, soixante-dix centimètres. Cette butte aplatie était plus ou moins couverte de baguettes, non pas de cuivre mais de laiton, en parfait désordre. Certaines étaient plantées verticalement, d'autres tordues : dans les deux cas il s'agit sans doute de l'intervention récente des chasseurs d'addax, seuls occasionnels visiteurs de ces régions reculées et difficiles. Une fouille nous permit vite de comprendre qu'à part ce désordre superficiel, les baguettes avaient été assemblées en paquets liés par de la corde, eux-mêmes rangés en entassement régulier.

Mélangés aux baguettes dans certains endroits du bombement, sous celui-ci ailleurs, se trouvait, en surface et dans le sable juste en dessous, d'abondants coquillages blancs répondant au nom scientifique de *Cypraea moneta*, moins connu que leur nom commun de cauri, mais qui dit bien la valeur commerciale qu'ils eurent pendant des siècles en Afrique, voire qu'ils conservent encore, en même temps qu'une valeur décorative sur de nombreux sacs, pots, vêtements…

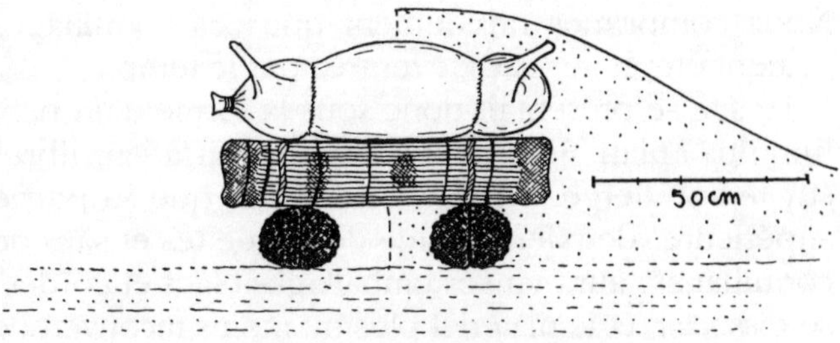

A. Etat primitif du site, hypothèse 1

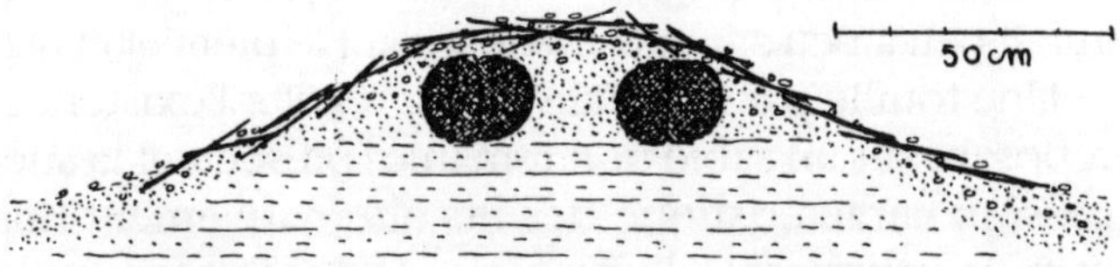

B. Etat actuel du site : un étage de faisceaux intacts dans le sable, l'étage supérieur (laiton et cauris) "éclaté".

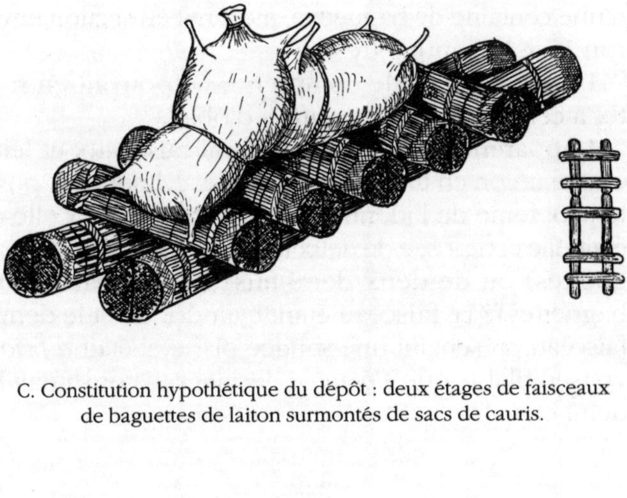

C. Constitution hypothétique du dépôt : deux étages de faisceaux de baguettes de laiton surmontés de sacs de cauris.

Nous comprîmes rapidement que ces coquillages avaient empli des sacs, éventrés par le temps.

Le site se présentait donc sous la forme d'un petit tumulus aplati. Si le dépôt a été établi "à l'air libre" sur le sol vierge, on devra admettre que sa partie supérieure (deuxième étage de baguettes et sacs de coquillages) aura vu ses emballages (sacs et cordes) se dissocier, et le matériel plus ou moins recouvert de sable volant. L'éclatement des sacs de cauris et la distribution rayonnante de ceux-ci expliqueraient peut-être la forme circulaire du gisement. Mais on peut aussi imaginer une autre hypothèse : le dépôt, une fois entassé, a été recouvert de sable pour mieux le dissimuler et constituait, dès l'origine, une butte que la déflation aurait peu à peu attaqué, en dénudant le premier étage.

Une fouille par tranchée devait révéler l'existence, reposant sur un sable non remanié (présentant la succession caractéristique des lits alternativement fins et plus grossiers), d'une série de six faisceaux de baguettes, disposés à plat et, semble-t-il, par paires. Chacun de ces faisceaux se composait de deux demi-faisceaux à section semi-circulaire accolés par leur face plate et légèrement soudés par l'oxydation comme l'étaient les baguettes elles-mêmes à l'intérieur des faisceaux, vertes alors que celles de la surface étaient brunes. Chaque demi-faisceau, constitué d'une centaine de baguettes, mesurait en section environ 15 x 10 centimètres.

L'enquêteur, on le comprend, ne pouvait en rester à cette simple observation d'objets !

L'apparente solidarité des demi-faisceaux et leur étroite union en un faisceau double, cylindrique, pose le problème de l'identification de la charge. Celle-ci était-elle composée de deux faisceaux (environ 400 baguettes) ou de deux demi-faisceaux (environ 200 baguettes) ? Le faisceau étant cylindrique et le demi-faisceau présentant une surface plane, il était *a priori* vraisemblable que c'était ce dernier qui constituait la demi-charge.

Puis il fallait aussi aborder la question des poids. La baguette pèse en moyenne près de 500 grammes, donc le demi-faisceau 500 x 100 = 50 kg, et le faisceau 100 kilos. Si le demi-faisceau était la demi-charge, la charge du dromadaire avait été de 100 kilos, et du double si le faisceau représentait la demi-charge. Est-il vraisemblable, peut-on se demander alors, que des charges commerciales caravanières aient atteint 200 kilos ? Toute la question est là : 100 paraît peu, 200 semble beaucoup, d'autant plus que le chargement d'un faisceau de 100 kilos pose aussi un problème non plus animal mais humain, pour sa manutention.

Je ne reviendrai pas ici sur le développement de ces dernières questions, nous l'avons étudié en détail, méthodiquement, en confrontant aussi nos hypothèses à l'observation, telle celle de Jean Clauzel, que je livre ici, non comme solution définitive, mais comme exemple :

"Je crois bien me souvenir que le chargement de chameaux de bât, qu'il s'agisse de sel, de dattes ou de tabac, est effectué par une équipe de deux hommes prenant chacun une demi-charge, ou un quart de charge selon le poids du chargement, soulevant cette demi-charge (ou ce quart de charge) dans leurs mains par les cordes d'attache de la charge, appuyant d'une manière concomitante cette charge sur le dos du chameau, bloquant de leur corps cette charge contre les flancs du chameau et fixant, par-dessus le bât, les attaches des charges, le morceau de bois sur lequel s'achève l'attache d'une des charges s'engageant dans la ganse correspondante de l'autre charge. Lorsque les deux taquets de bois d'une demi-charge (ou d'un quart de charge) sont engagés dans les deux ganses de la demi-charge (ou du quart de charge) opposée, les deux hommes laissent retomber les charges mais en les «accompagnant», éventuellement en les manœuvrant, pour que l'équilibre en soit bien assuré. Lorsque le chargement est terminé, une corde ceinture l'ensemble pour éviter tout ballottement."

Restait ensuite à étudier les matériaux eux-mêmes : métal des baguettes, débris de tissus et de cordes, pour en obtenir, au-delà de la composition pure, des renseignements relatifs à leur origine, c'est-à-dire nous permettant de fixer le lieu de départ de la caravane.

Ayant emporté avec moi 3 kg 945 g de coquillages représentant environ 3 600 spécimens, je m'attachai à la détermination précise des espèces de ceux-ci et en relevait ainsi une petite dizaine, avec une forte prédominance (99 %) de *Monetaria moneta L.* mais aussi trois espèces d'*Erosaria*, deux *Palmadusta*, etc. Bref, une sorte de lot "tout-venant", peut-être représentatif d'un lieu d'origine – Maldives, côte orientale de l'Afrique, "un peu n'importe où autour de l'océan Indien"… – mais celui-ci quasiment introuvable. Les cauris arrivaient en tout cas au Maghreb par la mer Rouge et les rives de la Méditerranée.

Observation détaillée, microscopique, structure chimique, tout fut effectué dans différents laboratoires et entre les mains de personnes expérimentées, telles le professeur Cyril Stanley Smith, du Massachusetts Institute of Technology, qui détermina que ces barres de laiton (cuivre environ 80 %, zinc environ 20 %) étaient des sortes de "lingots", commodes pour le transport, destinées à être fondues, remodelées et façonnées en objets par des artisans – en l'occurrence les forgerons soudanais, fabricants de boucles, anneaux, bracelets, pièces de harnachement, ornements divers ; Odette du Puigaudeau, voyageuse impénitente, à travers la Mauritanie en particulier, à qui j'avais envoyé des fragments de tissu, voulut bien me donner son avis :

"… tissu probablement marocain. C'est le même mode de tissage que le velum de laine des tentes, à grain allongé, genre gros reps, mais le «fil» maure est du type dit «de Turquie», à deux torons retors, tandis qu'ici, les fils de chaîne et de trame sont faits de deux brins, serrés côte à côte, lisses : ils ne sont pas tordus sur eux-mêmes, ni l'un sur l'autre ; cela implique un textile solide, à très longues fibres. Les tellis marocains servent à emballer les marchandises : j'en ai vu en laine, de Marrakech : même point, très serré, mais les deux torons sont un peu tordus sur eux-mêmes et l'un sur l'autre. A Fès, on en tisse en laine rugueuse et en divers textiles pour les caravaniers de l'Oriental."

Ces fibres de cordes et de tissus, débris organiques, permirent un essai de datation au radiocarbone. Deux mesures furent effectuées, l'écart fut relativement faible, toutes deux ramenaient à peu près au début du XIIe siècle. S'il peut sembler surprenant de trouver des fragments de cordes et de tissus ayant passé environ huit cents ans dans le sable, il faut songer que ces matériaux, même mouillés un certain nombre de fois par des averses, ont toujours resséché assez rapidement pour interdire toute altération microbienne. Des cas analogues sont connus, en Egypte en particulier, et même pour des âges plus anciens. L'enquête, en tout cas, progressait.

En effet, c'est pendant bien des siècles, une dizaine peut-être, que cuivres et cauris ont été chargés au Maghreb à destination du Soudan. El Bekri et Ibn Battoûta mentionnent tous deux des "coquillages" dans les caravanes et il en est fait encore mention dans un texte daté de 1721, alors que les cauris arrivaient déjà depuis longtemps en Afrique par voie maritime.

D'où provenait exactement le laiton ? Où a-t-on produit des lingots de cette forme ? Il est actuellement impossible de répondre exactement à cette question mais l'on sait qu'il existe des mines de cuivre dans le Sud marocain et que la fabrication du laiton s'y déroule depuis des siècles. Ainsi, les mines du Sous sont mentionnées dès le XIe siècle par El Bekri qui précise que "on y fond le minerai de cuivre, que l'on exporte ensuite dans le pays des infidèles". Youssouf Kemol spécifie : "Il y a dans le Sous encore deux mines de cuivre et une mine de zinc et ce zinc est employé pour transformer le cuivre rouge en cuivre jaune." En 1447, un voyageur italien, Malfante, décrivant le transit par le Touat du cuivre destiné aux Noirs, parle de virgae (baguettes) et de panes (lames). J'ajoute que, s'appuyant aussi sur divers documents, on ne peut exclure l'hypothèse d'un laiton européen débarqué sur la côte atlantique du Maroc.

Reste la destination.

Nous arrivons ici à un point essentiel : comment situer le Ma'den Ijâfen par rapport aux trajets caravaniers transsahariens dans le Sahara occidental ? Quelles routes commerciales animaient, peut-être, la Majâbat al-Koubrâ ?

Bien entendu, notre caravane, avec cuivre et cauris, venait du nord et allait au sud.

L'épave n'étant pas, nous l'avons vu, celle d'un naufrage, on doit admettre que le point du dépôt se trouve bien sur un itinéraire normal, qui ne paraît pas impossible à reconstituer.

Une fois encore j'épargnerai au lecteur la liste des hypothèses que j'ai pu envisager, le détail des réfutations (détour inutile, absence de points d'eau réguliers), et des confirmations (trajet effectué par tel ou tel méhariste sans difficulté, existence de points d'eau, trajets estimés "raisonnables" pour une caravane commerciale), ainsi que des souhaits (seule la provenance exacte des baguettes de laiton, excluant certaines possibilités envisagées, pourrait nous éclairer totalement) ; et je me contenterai des conclusions limitatives.

Suivant le point de départ maghrébin, on peut envisager deux trajets, impliquant l'un et l'autre le passage par l'Ijâfen :

1. du Haut Draa (Mhammid-Ktawa) ou du Tafilelt sur le Hank, l'Aregchâch, la région de Le-Mrâyer, l'Ijâfen et Tîchît (en prenant soin de passer au large du bord oriental de l'"aklé d'"Ogeylet en-Nmâdî) ;

2. du Bas Draa (Wad Nûn, Goulimine, Aqqa) sur le Hank (sans doute à El Mreyti), de là soit Bwîr

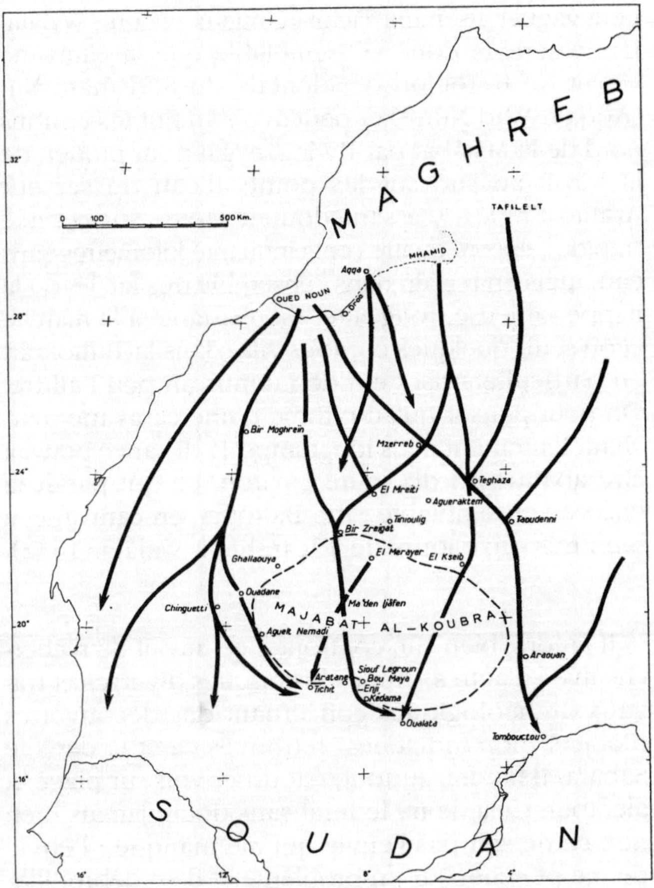

Position approchée du Ma'den Ijâfen et sa relation possible avec les axes de circulation caravanière.

Zreygât, soit Mjebir, Mejoûda, etc., puis région El-Mrâyer, Ijâfen et Walâta par le golfe de Syoûf Legroûn.

On constate ainsi que l'épave se trouve, sauf erreur de ma part, à peu près exactement sur la ligne réunissant Bwîr Zreygât au golfe de Syoûf Legroûn, c'est-à-dire à l'endroit de là le plus rapproché de la falaise méridionale et de ses points d'eau, d'où l'on peut gagner aisément Tîchît et, mieux encore, Walâta. Il me semble donc vraisemblable que la caravane venait de la région occidentale du Sud marocain (Aqqa ?, Wad Nûn ?) et peut avoir atteint les confins nord de la Majâbat par Bwîr Zreygât pour piquer, de là, droit au sud sur les points d'eau du secteur Aratân-Engi. Il y a sans doute , même sur cet axe "rapide", encore quatre cent cinquante kilomètres sans eau, mais en terrain dans l'ensemble très facile, où la nappe sableuse, rougeâtre, est résistante à la marche et où seuls quelques cordons vifs (dans la Tamokrârt en particulier) risquent de ralentir un peu l'allure. On peut penser qu'au rythme d'une caravane marchant lentement mais longtemps, la distance pouvait être abattue en dix jours environ, ce qui paraît là encore vraisemblable : Ibn Battoûta, en caravane, a bien mis onze jours de Tâçarahlâ à Walâta (1532).

Il faudra, bien sûr, confronter ce travail de recherche avec d'autres, études historiques diverses et travaux archéologiques concernant des découvertes d'objets "non indigènes" retrouvés çà et là dans le Sahara. Il faudra, surtout, retourner voir sur place et alentour. Cela, je ne le ferai sans doute jamais bien que ce ne soit pas l'envie qui me manque : l'envie de me pencher sur un problème et d'en débrouiller les fils, comme cela fut si souvent le cas au cours de ma vie de chercheur, mais aussi, plus simplement, l'envie d'être là-bas, le soir, de desseller un méhari et, tandis que les morceaux tordus et grisâtres des racines de hâdh crépitent dans les flammes sous la théière en métal émaillé et que là-bas, nos dromadaires entravés clopinent de touffe en touffe de sbot, avant de renverser la selle à l'endroit où, pour la nuit, reposera ma tête, l'envie de ramasser une poignée de sable, sans véritable utilité, de lever ma main pleine de ses grains et de les laisser filer, au gré du vent, comme file le temps.

UN TRAJET AU LONG COURS DANS LA MAJÂBAT D'AVANT-HIER (1954-1955)

A l'heure où la recherche dans la Majâbat commence à s'ouvrir grâce à l'automobile, il ne m'a pas semblé inutile de rappeler par un exemple précis – les pages de mon carnet concernant l'itinéraire Wâdân-Arawân – comment se pratiquait, il y a quarante ans, l'exploration à dos de chameau de l'Empty Quarter occidental.

Les croquis illustrant les deux récits qui suivent sont de Théodore Monod (*op. cit.*, p. 9).

Wâdân, 11 décembre 1954.

Me voici parvenu au port d'embarquement. Nous allons appareiller dans quelques heures. Les tonnelets sont pleins, et les guerbas aussi. Les chameaux vont faire leur abreuvoir : souhaitons qu'ils sachent en profiter. Maintenant, il va falloir livrer le combat prévu. Rien ne peut plus empêcher qu'il n'ait lieu. Faut-il avouer (aujourd'hui c'est possible) que j'ai parfois souhaité que quelque imprévu ne vienne rendre la bataille impossible. Prendre une règle et un crayon, tracer une ligne droite entre deux puits démesurément éloignés, ce n'est pas difficile. En chambre tout semble aisé. Et puis, le jour vient où il faut traduire en actes le projet qui de loin semblait si simple… Ce matin, le camion militaire qui m'a amené hier a disparu, rejoignant Atar. Je suis seul avec mes gens. Bientôt nous serons en marche, et pour quelle marche ! J'ai rêvé cette nuit que du haut d'une falaise je voyais mes dunes : vertes de pâturage frais… Qu'en sera-t-il dans la réalité ? Il semble en tous les cas qu'il ait beaucoup plu dernièrement et sur de vastes surfaces. Qui sait ? Le hasard, une fois de plus, va-t-il être clément pour le voyageur, ou au contraire s'acharner contre lui ?

'Aïn el-Tahtani

Voici les soucis qui commencent. Les chameaux ne veulent pas boire ! On essaie un premier puits que l'on juge de mauvais goût. Puis un deuxième où l'on pense que les chameaux ont peur des palmiers. On écourte l'abreuvoir. Puis on va à trente mètres de là en aval, où l'eau est douce comme de l'eau de source, où il n'y a pas de palmiers et… où les chameaux ne boivent pas davantage ! Et en plein soleil, vers 14 heures ! On va encore essayer ce soir. Et puis ? Et puis il faudra bien se lancer quand même, avec ou sans leur abreuvoir…

Plus tard. On vient de ramener les chameaux à l'abreuvoir : ils persistent à refuser de boire… Eh bien tant pis pour eux… Tant pis pour eux ? Et peut-être tant pis pour toi par la même occasion. Car que deviendras-tu dans dix ou quinze jours, à cinq cents kilomètres du puits si les animaux ont soif. Sans doute, mais que faire ? Attendre que ces messieurs daignent boire ? Et s'ils attendent le printemps ? Il n'y a plus qu'une solution : se lancer dans l'inconnu avec ou sans chameaux pleins d'eau. Qui sait si le pâturage et la température aidant nous ne parviendrons pas, quand même, au port ?

12 décembre, soir.

Nuit pas trop froide. Ce coup-ci, le combat est engagé. Et pas trop bien. Les chameaux partent pratiquement sans avoir bu et le Warân est totalement sec… Ça promet. Mais peu importe, maintenant qu'on est "dedans", il n'y a plus qu'à foncer. On fera de son mieux. A peine quarante-cinq kilomètres dans la journée, dont plus des trois quarts à pied. Comme "mise en train" ce n'est pas si mal.

13 décembre, soir.

Mauvaise journée, fatigue, vent, froid, temps perdu : chute de la provision de beurre, non retrouvée. On n'a pas fait quarante kilomètres dans la journée ! Ça commence bien.

14 décembre.

Mauvaise journée. Avais adopté un nouveau programme de marche : 8 heures-17 heures sans arrêt. Et à 13 h 35 Habib Ould Moïlid se couche sur le sol, malade. Impossible de continuer ! Et on n'a fait que trente-cinq kilomètres. A ce taux-là nous n'arriverons jamais. Et Ould Moïlid est le seul à connaître El-Mrâyer. Ça commence bien.

15 décembre, soir.

Il a fallu hisser Ould Moïlid sur un chameau. Et quand il a failli en tomber, nous avons dû nous arrêter et le soigner à la gomme arabique sucrée dans de l'eau. Il a repris conscience et les copains l'ont obligé à faire d'affilée toutes les prières qu'il avait manquées depuis hier. Ce soir il va mieux. S'il se rétablit, on en aura été quitte pour la peur. Déjà les autres parlaient de partager la troupe et l'eau et de me laisser filer avec deux goumiers dont aucun ne connaissait El-Mrâyer. L'aurais-je trouvé ? Mais pour le moment nous ne sommes pas encore à Arawân et nous avançons très lentement. Il est vrai qu'il faut aussi nourrir les chameaux : ces imbéciles ne mangent pas la nuit en hiver. En tous les cas il est impossible de trouver les dix heures de marche quotidienne que je voulais. Si ça continue comme ça, ça risque de se terminer par une marche forcée et du trot…

Enfin, à chaque jour suffit sa peine. Pour le moment la mienne est à la plante gauche rongée par le sable. Doubles chaussettes désormais. Vent pas trop fort aussi. Et ce soir il est calmé. D'ailleurs, jusqu'ici pas de vent la nuit : au moins ça qui nous est épargné !

16 décembre

Rosée dans la nuit comme une pluie. Tout est trempé le matin. Pas trop de vent et on n'a pas trop froid. Mais dans l'après-midi, je perds ma salive, la bouche se "colle" tant que je ne puis presque plus parler. Il faut croire que trois fois trois petits verres de thé sont pour vingt-quatre heures une ration insuffisante. J'aurais voulu tenir sur ce rythme mais ça paraît difficile. Et sans vergogne, à l'étape, je m'envoie un coup (modéré mais bienfaisant) de cacao. Je n'aime pas me faire des choses à part, mais ce coup-là il s'agissait plutôt d'un médicament et, à ce titre, je me suis cru autorisé à l'ingurgiter.

17 décembre

Pas une goutte (ni une bouchée) de 6 h 30 à 18 heures... C'est un peu long et dans l'après-midi la salive prend la consistance du lait condensé puis de la crème de gruyère et de la Seccotine. Ce n'est ni commode ni agréable. Pays affreusement sec. C'est catastrophique pour les animaux. Et les pronostics des Bédouins se font pessimistes : les chameaux, à ce régime, mourront avant Arawân... C'est encourageant... Nous allons voir ce que les deux jours qui viennent vont nous apporter, avant le départ du groupe d'accompagnement et le partage de l'eau.

Les rêves absurdes : Olga avec un chapeau Alléluyah, Cousteau à Douala, etc.

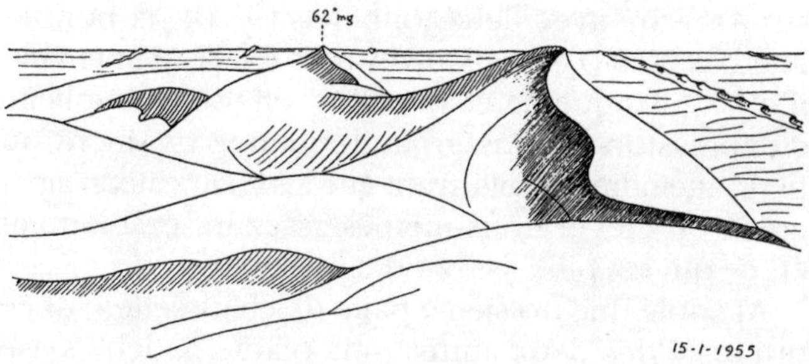

18 décembre

Mauvaise journée. Ould Moïlid de nouveau malade et on n'avance pas, on se traîne. Deux chameaux boitent. La grande tentation est l'abandon. Partir avec les deux goumiers qui retournent demain sur l'Adrâr... Retrouver la sécurité, échapper à la peur du naufrage. Et pouvoir, bientôt, boire... Car je n'ai jamais eu soif comme maintenant que je n'ai plus le droit de boire. La ration quotidienne est descendue à un minimum extrême. Elle a dû s'abaisser parfois, par 24 heures, à 3 fois 3 verres de thé, soit moins de 90 centimètres cubes au total et quelques cuillerées de riz (représentant au très grand maximum 1/4 de litre d'eau de cuisson).

19 décembre

Enrayé le crayon à bille.

Ce coup-ci, ça y est, j'ai "passé le Rubicon" et "le sort en est jeté". J'ai aussi "brûlé mes vaisseaux" et les pages roses du Larousse ont peut-être d'autres expressions encore.

C'est ce matin à l'aube que nous avons partagé l'eau et que le petit groupe "de choc", El Habib, Hafdhi, cinq chameaux et moi, avons pris le départ sur Arawân, avec deux tonnelets (90 l), six bonnes guerbas (120 l) et deux mauvaises (30 l). Maintenant, il n'y a plus que deux solutions, en toute simplicité d'expression et sans grandiloquence : vaincre ou périr, atteindre le puits avant que les chameaux n'aient crevé ou crever nous-mêmes assez misérablement et, ce qui est pire, assez ridiculement.

Ai enfilé une troisième paire de chaussettes sur ce qui reste des deux autres : ma plante gauche s'use plus vite sur ce maudit sable que ne repoussent les chaussettes. Ma quatrième et dernière paire, élevée au noble rang de chausson de nuit, est réservée à cet usage. Il faudra trouver autre chose. On trouvera : sparadrap ? Je supporte relativement bien ce qu'il est difficile de ne pas appeler privations : un tout petit peu de thé, et quelques cuillerées d'un exécrable riz sans sel et sans corps gras, ce qui n'est pas voluptueux. J'ai soif. Cela devient une hantise. Et le bruit de l'eau dans les outres devient troublant… Mais je ne demanderai pas l'aumône d'un quart de liquide. Je suis certain que mes deux compagnons ne boivent pas : je dois parvenir à en faire autant. Mais attention à l'arrivée au puits : qu'est-ce qu'on va descendre !

Nos chastes concupiscences : un petit verre de thé, une gorgée de café, un quart d'eau de guerba, si sale soit-elle…

Ce thé maure, hypersucré, est un aliment remarquable, et qui coupe l'appétit. Mais il est incapable de désaltérer. Si on avait seulement des bonbons acidulés, ou à la menthe, des pickles, un citron… Cela viendra, mais quand on n'en aura plus l'usage. Trop tard, toujours trop tard…

20 décembre

Bouche si sèche cette nuit qu'à deux reprises j'ai dû me la rincer avec l'eau, pleine d'acétylène, de la lampe à carbure. Il est indubitable que nous atteignons un régime d'hydratation vraiment minimum.

Pâturage acceptable aujourd'hui, ce qui met les deux Bédouins en bonne humeur, mais nous ne sommes pas à la moitié de la route… quarante kilomètres dans la journée seulement. A ce rythme-là, quand serons-nous à Arawân ? Nous sommes maintenant en plein océan et hors d'atteinte de tout secours humain. Il n'y a plus qu'à marcher…

21 décembre

Vent de sable toute la journée. Ça gèle, ça donne sommeil et ça irrite ! On s'est quand même "tapé" quarante-sept kilomètres. C'est toujours ça de pris !

22 décembre

Vent de sable toute la journée. Froid toute la journée. Bu un peau d'eau d'une panse d'addax : ça fait toujours du bien ! On a fait manger aux chameaux le contenu de deux panses d'addax (et de quelques boyaux). Temps couvert, sinistre. On souhaiterait être autre part… Pas même de bois.

23 décembre

Horrible journée de vent et de froid.

24 décembre

Autre horrible journée de vent et de fatigue. Ai terminé la partie pédestre de l'étape accroché à un chameau : je n'arrivais plus à marcher tout seul. Et toujours cette soif ! Je crois quand même qu'à partir d'Arawân, je modifierai un peu le régime. L'expérience sera faite.

Le soir, réveillon : cacao pour tous.

25 décembre

Moins froid mais plus fatigué.

Un peu de farine lactée pour célébrer Noël.

26 décembre

Vent de sable et fatigue.

Mais c'est un pays sans sexe et sans mouches : c'est toujours ça.

Ces derniers jours sont interminables. Et on se demande si les chameaux vont tenir jusqu'au bout... Espérons-le. J'ai toujours aussi soif. Et me mets à boire l'eau de la lampe à carbure.

27 décembre

Forte journée. Vent, froid, soleil, fatigue.

Et voici les talons éclatés ! C'était prévu mais c'est douloureux quand même.

28 décembre

Plus de dix heures de route, dans les pieds et dans le derrière. Vent, soleil et fatigue. Pas une gorgée d'eau entre 6 heures du matin et 6 heures du soir.

Nos "petites" joies quotidiennes, qui sont grandes dans cette vie heure par heure : la première gorgée du *early tea*, avant l'aube, pour laver la soif et la mauvaise bouche de la nuit sans eau, la fin de l'étape à pied, la poignée de dattes (occasionnelle), l'arrivée

au camp et l'écroulement sur la peau de mouton, le thé de l'arrivée, enfin le café d'avant dormir. Et aussi, dans la nuit, l'eau de la lampe à carbure, dégustée en cachette…

Effroyable pays, même pour les Bédouins, stupéfaits de s'être vus amenés à le traverser… Ils en parleront longtemps sous la tente.

29 décembre

Forte journée. Et le moral baisse… Les goumiers commencent à se demander si les chameaux vont pouvoir tenir… Ça promet. Il serait grand temps que l'on arrivât.

30 décembre

Belle grande journée de soleil. Epuisé physiquement et moralement. Arriverons-nous demain ?

31 décembre

Grosse fatigue. Toujours pas d'Arawân… Chaleur. Et pas une goutte d'eau d'avant l'aube à 16 h 48… Crottes de chameaux, mais comme une hirondelle. Les crottes volantes, interplanétaires.

1er janvier 1955

Grande mauvaise journée : plus de dix heures de route, forte chaleur (!), et de plus toujours pas d'Arawân... nous sommes un peu perdus...

Rêve absurde : les goumiers d'Arawân arrivés en pantalons blancs et en autocar : je pleurais, et de l'eau vive coulait.

Dérive non seulement des continents mais des postes militaires ?

Des mouches : sommes-nous sortis de la virginité ou seulement du froid ?

Je pousse à la résignation. Diviser les responsabilités. "Notre Seigneur est bon", la boussole n'est pas mauvaise non plus.

Que je n'aime pas cette odeur de chameau échauffé ! Ça sent la soif et, par conséquent, la mort.

Ce poids qui d'heure en heure s'accroît... On ne sait plus quand on arrivera, on ne sait plus même si on arrivera, mais on sait ce qui se passera si, dans des délais chaque jour dangereusement raccourcis, on n'atteint pas l'eau. Ce clapotis de l'eau dans les tonnelets... Ceux-ci déjà à demi vides ou encore à demi pleins ? Affaire de tempérament. En tous les cas ce bruit délicieux n'empêche pas ce qui me reste de salive de prendre une consistance insolite. Et il faudra attendre jusqu'au soir pour avoir un petit verre de thé.

2 janvier

On ne triche pas avec les kilomètres : il faut les avaler intégralement.

Si je pouvais dire comme Montaigne (et peut-être le puis-je ?) : "j'aime dormir dur et seul" je suis comblé. Il n'y a rien de moins compressible que le sable. Quant à la solitude...

Les curiosités : meringues d'outarde, pissat d'addax, dhanoûn déterré par les fennecs.

La grande journée. Nous marchions un peu trop au sud. Des traces de chasseurs d'addax nous ont remis dans la bonne direction. A 14 h 05 nous avons aperçu à l'horizon Arawân. A 15 h 50 en vue des puits, ai enfin pu boire : un litre sans reprendre haleine, pour commencer. Bu, bu, bu !

A Arawân m'attendaient trois militaires venus exprès de Tinbouktoû avec la radio et des fusées éclairantes. J'ai pu tout de suite annoncer mon arrivée.

Le soir, festin : riz assaisonné, carottes, haricots, un morceau de pain !

Coucher dans une maison : cela fait un drôle d'effet après tant de nuits en plein air. Assez mal dormi. Ces "ruptures de charge" sont agréables mais pas très saines parce que le re-départ en est plus dur.

Enfin, maintenant c'est le retour, et "la bonne direction". Tout ira bien. Et on verra la fin de cet immense effort.

3 janvier

Arawân. Je suis maintenant très fatigué et ai de la peine à me traîner. Je reste immobile un peu hébété. Ne pas gaspiller ses forces. Demain il faut reprendre la route. Cette "baisse de potentiel" après la tension de l'effort est normale, mais peut-être vaudrait-il mieux ne pas s'arrêter, car la remise en route me fait un peu peur.

Je suis reçu ici pour les repas par les trois militaires français venus de Tinbouktoû. Très cordiaux mais tout de même bien lointains.

4 janvier

Les trois sous-officiers d'Arawân, retour d'Indochine. Ce qu'on a fait de ces mercenaires ! Pour savoir l'ignominie de la guerre il faut descendre au niveau de l'exécutant et de l'assassin. Les communiqués sont très pudiques et les officiers sont trop bien élevés pour insister sur les horreurs qu'ils ont autorisées ou exigées. Et ces hommes qui ne se posent aucune question : on leur dit de tuer et ils tuent…

Dire que j'ai laissé partir la lettre à Olga sans y mentionner le 12 janvier ! C'est impardonnable. Et voici qu'on a repris la route, après deux mauvaises nuits sous un toit et trop de nourriture. Le régime frugal reprend aujourd'hui.

5 janvier

Chaleur très pénible… En janvier ! A 14 h 59 nous étions à l'étape, un peu courte, mais on n'est pas tellement pressé. On rattrapera un autre jour. Trouvé des harpons en os, et ceci console de cela…

6 janvier

Les solutions.

1. avouables

a) quémander – une fois – le jour de la bouche collée…

b) les feuilles de thé

c) les cuillerées de bouillon resquillées

d) le jus d'addax

e) essai de pompage sable mouillé (par biscuit) : échec...

2. ésotériques

f) la lampe à carbure, les jours où l'eau n'a pas dissous trop d'acétylène. Sinon, rinçages nocturnes de bouche sèche.

Ces Bédouins, au fond, comme ils nous ressemblent... Car ces vaillants coureurs de Sahara, en fait, ne détestent rien tant que... le désert. Le pays vide, inhabité, les terrifie. Ils ne songent qu'au campement, à la tente (et à son contenu), à la "cuisine bourgeoise", aux grands coups de lait, aux siestes énormes, aux ombres aimables des arbres, au vrai bois qui fait du vrai feu et de la vraie braise. Mais le pays lunaire sans êtres humains, sans crottes de chameaux, très peu pour eux. Et, entre nous, comme on les comprend...

Bonne journée de marche, moins torride qu'hier grâce à un miséricordieux petit vent.

7 janvier

Nous sommes peut-être, à notre manière, des romantiques, nous ne sommes pas sentimentaux. L'émotion, la ferveur, oui, la niaiserie jamais...

Ces sarcophages me dégoûtent. C'est mon plus solide dissentiment avec les goumiers. Un être humain civilisé devrait oublier les mœurs du chacal et de l'hyène. Et les ripailles de tripailles à peine décrottées sont répugnantes. De plus je croyais que les sauvages carnivores ne tuaient que par nécessité, pour manger. Nullement cruels comme des chrétiens, ils tuent aussi pour "le plaisir" : je les ai vus massacrer à coups de bâton deux charmants renards des sables surpris au gîte. Et, qui plus est, ils s'apprêtaient à abandonner sans les achever leurs victimes estropiées...

Pitié a-naturelle. Raison de plus pour la cultiver. La chasteté et le reste ne sont pas vertus plus instinctives.

9 janvier

"Les belles vacances" : dix heures quarante-trois de marche et pas une gorgée ni une bouchée de l'aube au coucher du soleil ! Et une journée chaude.

10 janvier

Dire qu'il existe des pastilles de menthe... !

Geignards et stoïques à la fois, les Bédouins. Ils abusent de la voix mourante, de la pieuse exclamation, de l'oraison jaculatoire et d'un pessimisme verbal probablement conventionnel mais peu plaisant pour l'auditeur peu sensible à ces coquetteries. Par ailleurs prêts aux plus rudes efforts et aux plus sévères fatigues si la situation l'exige. Ce qui fait que, malgré le ton plaintif et geignard de leurs propos, on sait quand même qu'en cas de besoin, nous irions ensemble, pour sauver la peau de nos montures et, par conséquent, les nôtres, jusqu'à la limite de nos forces.

11 janvier

Une journée de néant et d'inquiétudes chamelières. On a été sauvés en fin d'après-midi par un misérable "pâturage" de sardoûn, juste de quoi empêcher les animaux de périr d'inanition... Affreux pays.

Mais il est bon de n'avoir à vivre qu'une heure à la fois. Il est tout à fait vain de songer à ce que nous apportera demain tant qu'à ignorer s'il y aura un demain. Le combat de vivre heure par heure... Une chose à la fois.

Il fait un temps splendide et clair, ni trop chaud ni trop froid. Et aujourd'hui, quelle préhistoire !

12 janvier

Ça ne va pas fort. Pays atrocement sec. Les chameaux n'ont rien mangé depuis hier soir. Moi non plus, sauf quatre sauterelles, deux sèches et deux fraîches. Mais tout à l'heure j'aurai ma gamelle de riz. Ce pays sinistre démoralise et fatigue tout le monde, les bêtes, les goumiers et même le caporal-chef. Chance qu'il n'y ait personne à qui se plaindre, à qui avouer qu'on est à bout, en route de 5 h 50 du matin à 17 h 17. Mais il n'y a pas le choix, il faut en sortir…

13 janvier

Courte étape : six heures à pied. Et arrêt à midi dans un peu de sbot vert : enfin… Bien agréable de s'arrêter. Mais passer la chaleur du jour en plein vent et en plein soleil, sans le moindre abri n'est pas si plaisant qu'on le penserait. D'autant plus qu'on ne peut demeurer qu'immobile : se promener, ce serait dépenser de l'eau et avoir envie de boire, ce dont il n'est pas question. Mais le soir vient quand même, et la fraîcheur, et la gamelle de riz fade – la bienvenue tout austère qu'elle soit – et le petit café d'avant dormir. Ce soir ce sera le dernier : fin de la troisième et dernière boîte. A partir de demain il faudra se contenter de leur sirop de thé, ce qui n'est guère le moyen de se désaltérer.

14 janvier

C'est drôle les hommes… tant qu'ils sont à proximité d'un robinet et du frigidaire, ils n'ont pas soif.

Et puis, à partir du moment où le premier point d'eau est à quatre cents kilomètres, voilà la soif qui les prend, et la hantise du liquide. A dire vrai une sorte de panique... Ils en modifient le Notre-Père : "Donne-nous aujourd'hui notre eau quotidienne..."

15 janvier

Courte étape : vingt-cinq kilomètres. Le pâturage apparaît et on laisse manger les chameaux. L'allure se ralentit. Cela augmente la consommation d'eau, avec les occasions, agréables, de tournées de thé. Temps splendide, pays de sable rouge, propre. Cure de Shakespeare. Ce sont mes vacances quand même.

16 janvier

Sables, sables, sables. Journée un peu chaude. Et voici deux nuits que l'eau de la lampe à carbure devient imbuvable, trop chargée d'acétylène... Cela devient intolérable. Ces quelques gorgées nocturnes étaient bien agréables : on s'habitue à la volupté. Enfin, peut-être que dans quarante-huit heures nous serons à El-Mrâyer.

Le dernier bond, deux cent cinquante kilomètres, sera moins austère, il n'y aura plus tant de précautions à prendre pour l'eau... Encore un peu de patience.

17 janvier

Pas trop chaud, et une découverte géologique : on a gagné sa journée. Trouverons-nous demain El-Mrâyer ?

18 janvier

Forte journée de vent de sable. Rencontré une patrouille de deux goumiers : ce n'était pas inutile, nous marchions un peu trop au nord. Serons demain à El-Mrâyer. Ouf !

19 janvier

El-Mrâyer enfin ! Et dès l'arrivée (11 h 20) les Européens du goum m'ont offert (dans une tente) une assiette de riz et deux verres d'eau… Je n'en croyais ni mes yeux ni mon palais… J'ai refusé par discrétion un troisième verre… Il faut savoir demeurer courtois. Mais le plus dur est derrière nous. Sept jours et demi d'ici à El Ghallâwîya, et sans sévère limitation de la boisson : on croira rêver… Finies les lampées d'eau à l'acétylène ! Celle de cette nuit était affreuse.

20 janvier

Délicieuse fin de journée, au pied d'un beau cordon de dunes, et dans un riche gisement néolithique.

Passé la matinée à El-Mrâyer. Avec le détachement venu m'apporter de l'eau. Avouerai-je que je retrouve avec plaisir la solitude avec mes deux hommes, et notre petit train-train quotidien ? Et puis cette fois-ci c'est un voyage court, sept jours et demi sans soucis : avons deux cents litres d'eau et les chameaux ont bu à El-Mrâyer. Si ça continue comme ça, je finirai, en arrivant à El Ghallâwîya et au camion qui va me restituer à ce qu'il est convenu d'appeler la civilisation, par regretter mon no man's land, et ses fatigues, et même ses dangers ? Nous sommes de drôles de gens, tout de même…

21 janvier

Grosse journée de vent de sable et de dunes blondes. Avec une demi-paire de lunettes noires ce n'est pas "amusant". Mais ça fait quand même une quarantaine de kilomètres de grignotés en direction du camembert, des pommes frites et du reste... O, ces purs esprits...

22 janvier

Quarante-sept kilomètres de moins entre le camembert et moi. Journée longue mais pas désagréable. Je vais quitter cette vie au moment où je commençais à m'y habituer.

Recousu mon séroual, éclaté par-derrière... Mauvaise étoffe ? Abus de la selle ?

23 janvier

Le camembert se rapproche à vue d'œil, et de nez. Seigneur, béni sois-tu pour notre frère le camembert, qui réjouit mon cœur et me fait la vie plaisante.

Cela tourne à la villégiature : soupe au pain de guerre, grand coup d'eau avec la cuvette de riz, thé nocturne... Plus question de lamper en cachette le jus de la lampe à carbure, ni de sucer les fonds de théière. La vie devient belle. Mais juste au moment où tout cela va finir.

Car dans quatre jours, il faudra retrouver les camions, puis la ville, puis l'avion, puis, etc. Sera-ce la fin définitive de ma vie saharienne ? En apparence, oui. Mais il ne faut jurer de rien...

24 janvier

Vent. Froid toute la journée.

25 janvier

Vent. Froid toute la journée. Fin du pain de guerre : tant pis... D'ailleurs le camembert approche, avec toutes les vengeances...

26 janvier

Pas trop froid... Ça fait plaisir. Une crème de riz au baraqué, à défaut d'autre chose. On arrive demain au puits. Ça sent la fin des vacances.

Ai réussi à empêcher un bédouin de tuer un corbeau : c'est toujours ça...

27 janvier

El Ghallâwîya : 2 lieutenants.

28 janvier

Atar : 6 lieutenants, 3 capitaines, 1 chef de bataillon, 1 administrateur en chef, 2 administrateurs, 1 juge de paix, 2 officiers des Douanes, 1 commissaire de police, etc. : la "civilisation" approche.

Et demain : Dakar, 1 gouverneur-général, 3 généraux, 1 amiral, 1 évêque et… 1 directeur de l'IFAN : la "civilisation" est là…

Ce 28e jour de janvier à 18 heures, ai enlevé pour la première fois la culotte enfilée le 10 décembre au matin… Pauvre chère amie, comme elle a dû souffrir…

Ma boulimie ne fait que croître. Cela devient inquiétant. Je dévore à toute heure du jour, à m'en rendre malade, tout ce qui me tombe sous la dent. Le Sahara, ça "creuse"…

Patte droite hors d'usage, et fort enflée et douloureuse, mais la gauche est encore bonne et je n'ai plus de longue étape à parcourir.

29 janvier

Le camembert ? Eh bien, ça y est… Je savais qu'il se précipitait à ma rencontre. A 13 h 10, à la table du commandant de Luze. Pas d'avion aujourd'hui. Ai raté celui d'hier. Attendre huit jours paraît absurde ; on va redescendre par la route, ça gagnera encore trois jours.

Boulimie incroyable, je ne fais plus que manger, ou songer à ce que je vais manger, ou songer, hélas, à l'heure des lourdes digestions et des brûlures d'estomac, à ce que je viens de manger. Ça passera, mais pendant quelques jours, il me faut subir cet extraordinaire appétit.

LA DERNIÈRE EXPÉDITION, 1993-1994

Il y a deux ou trois ans, une idée m'est venue... Non, ne riez pas, cela m'arrive de loin en loin. Le projet en question concernait l'organisation d'une longue expédition chamelière à travers la Majâbat al-Koubrâ. L'objectif du voyage était spécifiquement géologique car il s'agissait de retrouver comment et jusqu'où se prolongeaient vers l'ouest, sous la couverture sableuse, les grès du Khnâchîch si puissamment développés plus à l'est, au sud de Taoudeni. A vrai dire, ayant parcouru moi-même dès 1955 l'itinéraire Arawân-El-Mrâyer-El Ghallâwîya, j'avais pu noter en cours de route, à travers les mailles des formations dunaires, un certain nombre d'affleurements pouvant être attribués à ce continental intercalaire, souvent considéré comme appartenant au Crétacé inférieur. N'étant moi-même qu'un modeste géologue amateur, j'avais pensé que la collaboration d'un professionnel serait évidemment nécessaire : spécialiste de la géologie saharienne, Jean Fabre avait bien voulu manifester l'intérêt qu'il portait au projet. On le retrouvera à diverses reprises dans ce récit.

Comme il faut être honnête, force me sera d'avouer qu'à côté de ces grès-quartzites à "patine-savon" etc., qu'il s'agissait de pourchasser à travers les dunes, un impérieux désir m'était venu : celui de revoir une fois encore, avant que l'âge ne vienne m'interdire les méharées trop austères, les immensités d'une Majâbat où je tentais, il y a une quarantaine d'années, de découvrir jusqu'à quel nombre de kilomètres pouvait être poussée la durée d'un trajet chamelier au long cours.

Cette fois-ci, de toute façon, il ne pouvait s'agir de tenter un record et je n'avais prévu, au départ du puits d'El Ghallâwîya, qu'un aller d'environ cinq cents kilomètres, jusqu'au point d'eau d'El-Gçeyb Ounân, suivi d'un retour sur l'Adrâr par un itinéraire différent, de façon à accroître utilement la surface des terrains devant faire l'objet d'une étude géologique.

S'il est facile, du fond d'un laboratoire parisien, de formuler un programme et de définir le "souhaitable", il le sera beaucoup moins de connaître à l'avance le "possible". Négocier avec un correspondant habitant Nouakchott peut se faire sans trop de peine malgré la lenteur relative des échanges postaux, mais l'organisation elle-même de la méharée va devoir se faire à cinq cents ou six cents kilomètres de la côte, là où se trouvent les chameaux et leurs propriétaires : ces derniers ne possèdent d'ailleurs ni postes téléphoniques ni possibilité de recevoir un télégramme ou un fax.

Notre voyage se serait vu donc condamné dès sa conception si nous n'avions pu bénéficier de l'aide incomparable d'un inestimable correspondant local, Bruno Lamarche, ornithologue bien connu, naturaliste de vocation et remarquable connaisseur de la biologie des diverses régions mauritaniennes.

La collaboration d'un tel organisateur allait seule permettre de réaliser notre projet, puisqu'il se substitua localement aux auteurs parisiens du programme.

Fort de mon expérience antérieure, j'avais souhaité appliquer à ce dernier voyage chamelier dans la Majâbat ce que j'appelle la "formule dure" : fortes étapes, départ à l'aube, boisson limitée à neuf petits verres de thé par vingt-quatre heures, donc à un peu moins d'un litre, "cuisine" une fois par jour pour la marmite du riz du soir, etc.

En réalité, je me suis trouvé dès le départ contraint d'adopter une autre formule, dite "confort", c'est-à-dire étapes limitées à vingt kilomètres par jour avec départ au moins trois heures après le réveil de six heures, deux plats de riz par jour, celui de la potée matutinale et celui de la potée vespérale, environ deux litres d'eau par vingt-quatre heures, etc.

En conséquence, arrivé à la région d'El-Mrâyer, un conseil de direction, réuni sous la tente de "M. l'Ingénieur", se voit contraint de découvrir que si, avec nos six tonnelets, nous avions de quoi atteindre le puits visé, El-Gçeyb Ounân, à l'allure adoptée il nous devenait impossible d'effectuer la totalité du trajet envisagé. Force nous était donc de regagner l'Adrâr en utilisant un itinéraire d'un particulier intérêt pour notre géologue.

*

Dramatis personae : L'heure est venue de faire connaissance avec les cinq membres du petit groupe qui, le 3 décembre, quittait le puits d'El Ghallâwîya pour gagner les plateaux de grès de Chingueti en remontant le ravin de Sbil, entre une rive gauche illustrée de très nombreuses gravures et une rive droite richement garnie de grès prismatiques se forçant d'imiter les orgues basaltiques, et y parvenant d'ailleurs à merveille. Sur les cinq voyageurs qui trébuchent dans les cailloux, deux se trouvaient être ce qu'on eût appelé au XVIIe siècle des *régnicoles*, donc des nomades de l'Adrâr accompagnant la caravane pour s'occuper des neuf chameaux de celle-ci, les seller et les déseller, veiller à un arrimage correct des charges, entraver les animaux à la fin de l'étape et les ramener au camp le lendemain matin. Bien différents l'un de l'autre d'allure et de caractère, Sidi et Le-Mrabote conduiront patiemment leurs animaux à travers des plaines monotones striées de cordons dunaires et bien pauvrement fournies de quelques touffes sèches de sbot, la haute, dure et piquante graminée des sables sahariens.

Des trois "expatriés", comme dit l'Administration, deux méritent quelques notes descriptives.

Notre géologue, Jean Fabre, directeur honoraire de recherches au CNRS, répondait à un double surnom, le premier – Ramsès II – lui venait d'un sac de couchage unique en son genre, dont la forme étrange et la couleur blanche évoquaient fortement, pensions-nous, quelque momie égyptienne extraite de sa cuve de pierre pour se voir étendue à la surface du sol désertique et abandonnée sous les étoiles. Matin et soir, Jean Fabre se glissait dans une djellaba algérienne si semblable de forme comme de couleur à la robe d'un moine franciscain, ordre des frères mineurs, que le qualificatif de "frère Jean" devait rapidement s'imposer, bientôt complété d'ailleurs par une précision nouvelle : "frère Jean le bagageur". Jean Fabre, en effet, dès l'arrivée à l'étape et si n'apparaissait à proximité aucun affleurement rocheux capable d'être attaqué au marteau, s'asseyait sur le sol, entouré de tous ses bagages, pour passer méthodiquement ceux-ci en revue, ouvrant l'un, refermant l'autre et comme se livrant longuement à l'inventaire de ses biens matériels. Puis il procédait à la contemplation de la carte au 1 : 200 000e qu'il connaissait déjà par cœur, ou à quelques précieux clichés obtenus par satellite. Frère Jean faisait toutes les étapes à pied, convaincu, en bon géologue, que le seul terrain bien connu est celui sur lequel on aura directement marché. Parmi les gestes familiers de Ramsès II, je n'en citerai ici qu'un seul, concernant la façon dont il avait l'habitude de s'octroyer une gorgée d'eau empruntée à une gourde de forme allongée : on commence par déboucher la gourde et par ouvrir largement la bouche, le récipient tenu horizontalement devant celle-ci et à faible distance ; ensuite, d'un coup sec appliqué sur la base du récipient, on projette entre les lèvres le volume d'eau à déplacer.

Luc Marescot, le plus jeune de la bande, est à la fois photographe et opérateur. Il dispose d'un matériel considérable, comprenant même pour les prises de vue nocturnes un projecteur alimenté par des batteries. Comme le géologue, il fait la route à pied et, vu que nos deux nomades en font autant, je suis finalement le seul de nous tous à me trouver juché au sommet d'un dromadaire.

M. Marescot avait été également chargé de la pharmacie de l'expédition et n'avait pas son pareil pour vous instiller dans l'œil un collyre ou appliquer un sparadrap sur une écorchure.

A l'étape, "M. l'Ingénieur" se réfugiait souvent, accompagné de son précieux matériel, au centre d'une énorme bulle en plastique transparent, pour mettre ses appareils à l'abri du sable volant et procéder en toute tranquillité aux mille petits soins ou réparations exigés par l'entretien de son équipement.

Si "M. l'Ingénieur" n'avait pas encore eu l'occasion, au cours de voyages déjà nombreux, de se familiariser avec la pratique de la vie chamelière, il s'est adapté du jour au lendemain, et de façon parfaite, à un milieu et à un mode de vie singulièrement nouveaux pour lui. Deux jours après le départ, nul ne l'eût distingué, dans son allure comme dans son comportement, de nos deux compagnons nomades, d'un géologue saharien confirmé ou d'un nonagénaire achevant avec cette expédition le cycle d'une longue carrière méhariste.

Quant à ce dernier, d'âge déjà vénérable, balancé tout le jour au rythme de sa monture, aura-t-il lui aussi reçu un surnom ? Je ne sais, car mes compagnons sont aussi discrets qu'aimables, mais je ne serais pas surpris que la seule façon courante de le désigner n'ait été simplement, et de manière indubitablement adéquate : "le Vieux".

Je dois ajouter que nos deux chameliers, étrangers à la région traversée, n'étaient pas des guides proprement dits, mais de simples convoyeurs de la petite caravane. Notre troupe se trouvant contrôlée par deux boussoles Topo-Chaix et les coordonnées géographiques nécessaires obtenues au moyen d'un appareil GPS *(Global Positioning System)*, prêté par notre ami Bruno Lamarche.

Notre modeste troupe dispose au départ, pour couvrir un mois de route, des vivres suivants : riz-60 kg, pâtes-20 kg (ce précieux colis devait se volatiliser par miracle dès notre passage à El Ghallâwîya), sucre-33 kg, thé-3,5 kg, dattes-20 kg, timbiscit-20 kg (cette curieuse appellation locale vient de la berbérisation du mot français "biscuit"), arachides-10 kg, huile-18 l, une pierre de sel, du poivre (pour le thé !), café en poudre-deux boîtes. Pour les fêtes : deux boîtes de cocktail de fruits, deux petits cakes anglais.

Frère Jean avait eu l'excellente idée d'apporter avec lui deux boules de fromage hollandais. Pour ma part, je fournissais à notre ordinaire une importante quantité de fruits secs, pruneaux, abricots et raisins, ainsi qu'une provision de bonbons divers fort appréciés de tous et très efficaces pour tromper, en marche, la longueur des heures qui s'écoulent si lentement, en attendant celle, bénie, du "baraqué", l'arrivée au campement du soir et la possibilité de s'allonger sur le sable.

On trouvera dans les pages qui suivent la retranscription des impressions enregistrées par moi-même, quotidiennement en fin de journée, de la dernière méharée de ma carrière, du point de départ à El Ghallâwîya (le 3 décembre 1993), à l'arrivée à Wâdân (le 9 janvier 1994).

Vendredi 3 décembre 1993

Il est 16 h 22, nous avons quitté El Ghallâwîya ce matin, à la fin de la matinée, et nous nous sommes mis en route. Nous avons commencé par reprendre le ravin de Sbil encadré de falaises gréseuses.

On arrive sur le plateau, en haut de la passe qui nous a permis de monter la falaise, une falaise qui domine la partie nord du pays, avec une vaste sebkha et les dunes de la Mâqtîr. C'est le plateau occupé par la Majâbat al-Koubrâ et ses diverses régions ; la première s'appelle les Bnaïg, c'est-à-dire les bandes, parce qu'elle comporte un très grand nombre de cordons de dunes juxtaposées et largement parallèles. Et à l'intérieur de cette vaste région des Bnaïg, on a distingué plusieurs subdivisions, le Warân dans lequel nous venons d'arriver ce soir, la Tamokrârt, la Taçârât et l'Ijâfen ; après celui-ci on débouche dans une énorme plaine qui s'appelle Le-Mreyyé, c'est-à-dire le miroir, où on peut marcher pendant des semaines, sans rien voir que des ondulations régulières comme des ripple-marks géantes.

Ça c'est pour le tableau général, mais nous ne faisons que commencer. Nous avons donc débouché sur le plateau et on m'a gentiment incité à monter à chameau dès le ravin, pour m'épargner l'excès de gros cailloux dans lesquels je titube facilement, parce que je ne vois pas clair, mais peut-être aussi parce que l'extrême lenteur de ma progression risque de ralentir celle de l'ensemble de la caravane. Donc je suis monté à chameau de très bonne heure et je suis resté jusqu'au baraqué, c'est-à-dire là où nous sommes maintenant, dans une grande étendue de sable, non différenciée d'ailleurs, ou à peine, dans laquelle je vois des touffes de sbot, un peu vert heureusement et pas très grandes. Le jeune sbot s'appelle azârân, et l'azârân ce n'est pas un pâturage très remarquable mais enfin c'est un pâturage qui peut rendre service en cours de route et je crois qu'il rendra service ce soir à nos animaux. Nous essaierons comme ça tous les jours de trouver quelque chose à manger pour ces pauvres bêtes qui, contrairement aux êtres humains, peuvent vivre très longtemps sans boire, mais pas très longtemps sans manger. Voilà où nous sommes ce soir, à part ça les petits incidents de route sont toujours les mêmes : il tombe quelque chose ou bien un chameau mal dressé s'agite et tente de faire des sauts, etc. Je viens de constater qu'une de mes sacoches, fermée par deux courroies de cuir, en a déjà une d'arrachée, en quelques heures. C'est comme ça. Mais on voit quelquefois des choses encore plus curieuses parce que, une fois, le pointeau de ma lampe à carbure, ma lampe de mineur à carbure (j'employais à cette époque des lampes de mineur, dont le verre est très épais et très bien protégé contre les chocs), eh bien ce pointeau, au cours d'une circulation chamelière, a réussi à se dévisser lentement, très lentement, et à tomber. Le soir il n'y avait plus de pointeau sur

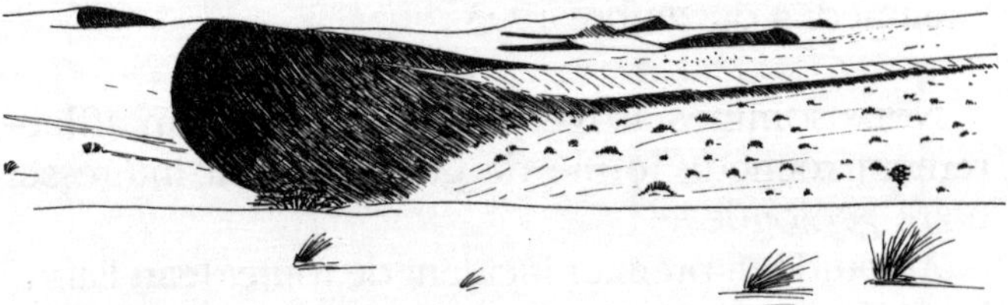

ma lampe à carbure, ce qui évidemment la rendait définitivement inutilisable pendant ce trajet-là. Cela avait son avantage les lampes à carbure ; ses inconvénients aussi parce qu'il fallait toujours nettoyer le réservoir de carbure, enlever ce qui était déjà usé, garder ce qui était encore dur et qui pouvait resservir le lendemain, et puis il fallait aussi constamment déboucher les becs avec des fragments de fil électrique, il fallait avoir une très bonne vue ; ce sont à présent des choses qu'il me serait totalement impossible de faire.

Voilà, une première journée s'achève, sans incident majeur. Je n'ai pas encore les coordonnées du lieu, on va me les donner bientôt, je suppose. Savoir combien de kilomètres nous avons faits, et de combien de kilomètres nous avons avancé en direction de notre but, le premier but étant – je n'ose pas dire le point d'eau parce qu'il n'y a pas d'eau, il n'y a que de la saumure dans le trou, mais le point marqué El-Mrâyer, sur les cartes, à environ deux cent cinquante kilomètres d'ici, d'El Ghallâwîya en tout cas, et ce sera quand même un point de repère géographique avant de faire un deuxième saut, de même distance sensiblement, pour atteindre un puits, un vrai puits, qui donne de l'eau, peut-être très légèrement salée, mais enfin buvable, qui s'appelle El-Gçeyb, ou El-Gçeyb Ounân, l'Ounân étant une vaste région. Un autre puits, deux cents kilomètres plus loin, s'appelle Bir Ounân.

C'est terminé pour ce soir, je suppose.

Samedi 4 décembre 1993

Nous sommes arrivés en fin d'étape à un affleurement rocheux formé de grès qui vont intéresser notre géologue.

Aujourd'hui premier incident de route. Jean Fabre, le géologue, et moi-même étions partis en avance devant la caravane qui devait nous rejoindre quelques heures après en ayant suivi nos traces. Et puis le vent de sable ayant effacé les traces, on ne nous a pas retrouvés immédiatement. Ils se sont arrêtés, ils ont envoyé un homme monté pour nous retrouver et nous avons dû rebrousser chemin pour atteindre la caravane qui avait campé, déchargé les bagages. Avec pour conséquence un arrêt méridien qui n'était pas prévu, avant de nous remettre en route pour regagner maintenant, ce soir, un affleurement gréseux dit “Taourirt”.

Citation : “Le vent se lève, il faut tenter de vivre…” C'est un beau vers naturellement et bien connu, mais sujet à discussion à certains points de vue. Par exemple, mes camarades et moi sommes parfaitement disposés à tenter de vivre, mais nous préférerions vivre dans un endroit sans vent et surtout sans vent chargé de froid et de sable, pas ce courant d'air venant de la direction vers laquelle nous allons, c'est-à-dire que nous recevons le vent toute la journée en pleine figure. Ce n'est pas dramatique naturellement, mais ce n'est pas particulièrement plaisant. Mais nous tentons de vivre de notre mieux, cela va sans dire.

Autre détail de la journée : j'avais espéré, pour une fois, pouvoir circuler au Sahara sans être accompagné d'hommes armés. Je croyais cela réglé, et tout à coup, hier soir, j'ai découvert que l'un de nos accompagnateurs transporte un magnifique fusil de guerre français. Je ne sais pas à quel titre il y est autorisé, mais enfin, mon pari est perdu, je n'aurai jamais pu circuler au Sahara sans une arme à feu. Espérons tout de même que les antilopes ne feront pas les frais de cet appareil destiné à tuer des êtres vivants... Et puis on ne va peut-être pas rencontrer d'antilopes, c'est bien possible aussi. Ça serait peut-être le mieux pour elles.

Autre petit détail : sur ces affleurements rocheux, on me signale un buisson ligneux, c'est un *atilé*, c'est-à-dire pour les botanistes un *Maerua crassifolia*, petit arbre très banal dans tout le Sahara, jusqu'au désert libyque, mais j'avais toujours prétendu qu'il n'existait pas un seul arbre dans la Majâbat, je crois qu'ici on peut admettre que nous sommes déjà dans la Majâbat puisque nous sommes dans la partie bordière du Warân, et voilà qu'il y a un petit arbre, un petit buisson ligneux. Il faudra donc qu'à l'avenir je spécifie que c'est dans le centre de la Majâbat seulement qu'il n'y a pas un seul arbre, ni un seul caillou d'ailleurs.

Je crois que la chronique de la journée est maintenant terminée.

Dimanche soir, 5 décembre 1993, au camp, sur un sinistre sablon fortement éventé.

Ce matin à l'aube il faisait – 2° mais il n'y avait pas de vent. Celui-ci n'a pas tardé à se lever et a bien voulu nous accompagner toute la journée, il n'est pas encore entièrement tombé. Autrement dit, on a eu un peu froid toute la journée, et beaucoup de sable dans la figure comme d'habitude. De plus, ce soir, il y a vraiment très très peu de pâturage, ce qui n'est pas excellent pour nos animaux. Espérons que demain nous amènera quelques découvertes satisfaisantes à ce point de vue.

C'est aujourd'hui que Bruno Lamarche nous a quittés, en rentrant sur El Ghallâwîya avec sa petite équipe, quelques chameaux et deux Bédouins. Il avait bien voulu nous accompagner jusqu'ici pour nous mettre en route, s'occuper de tout, il nous a rendu le plus grand service jusqu'à ce point, comme il a fait depuis le début du projet de cette expédition Majâbat, qui sans lui n'aurait jamais pu être réalisée. Certains points de détails n'ont pu être mis au point : le vieil Ould Guejmoul qui connaissait El-Gçeyb a été empêché de nous rejoindre, les chameaux qu'on nous a trouvés ne sont pas exactement ceux que j'aurais souhaités, ils sont un peu jeunes, peut-être un peu capricieux, pas suffisamment dressés, mais enfin... On tâchera d'arriver au but, sans trop de difficultés de route.

Lamarche a trouvé aujourd'hui un champignon, un tout petit champignon en forme d'entonnoir, infondibuliforme, comme disent les botanistes, il a deux centimètres de haut ; je n'avais jamais vu cette espèce au Sahara ; on tâchera de le faire identifier à Paris. Il a trouvé aussi une petite plante épineuse, avec des fleurs violettes ; elle ressemble à un *Fagonia* malheureusement sans fruit. Ce sera peut-être une espèce à ajouter à la flore de la partie centrale de la Majâbat qui ne compte jusqu'ici que sept espèces de phanérogammes, moins que dans l'extrême nord du Groenland. Sur une surface pareille, sept espèces c'est très peu de chose et sur ces sept espèces trois seulement sont majoritaires : le sbot bien entendu, *Stipagrostis pungens*, le sardoûn, *Stipagrostisa cutiflora*, et le hâdh, *Cornulaca monacantha*, une chénopodiacée. Voilà deux petites récoltes pour le botaniste. Le géologue a ramassé quelques échantillons de dépôts lacustres quaternaires, et il a constaté la présence d'un grand nombre d'affleurements de grès assez variés. Mais il a aussi noté en cours de route des grès à structure transverse, ou "grès à tigillites", bien connus dans la stratigraphie de l'Adrâr de Mauritanie où ils surmontent les grès d'Oujeft reposant eux-mêmes sur ceux de Chinguetti. Les grès à structure transverse ou grès de Zli sont surmontés en discordance par les grès quarztites du Tamga considérés comme d'origine glaciaire et datant vraisemblablement de la fin de l'Ordovicien.

Il reste cependant une question à discuter et que nous parviendrons peut-être à régler : pourquoi me suis-je engagé dans cette nouvelle aventure ?

Vu de l'extérieur, il ne paraissait pas extrêmement raisonnable, dirons-nous, qu'un voyage de ce type soit entrepris par un vieillard de quatre-vingt-onze ans et qui voit mal. Le dernier point est secondaire, puisque les pieds sont encore valides, mais ces pieds marchent de façon un peu ralentie. Le vieillard marche donc moins vite que les autres, il risque de retarder la caravane s'il marche derrière. Il monte à chameau, naturellement, mais après tout les tonnelets d'eau sont aussi à chameau, ils ne descendent pas, ils sont sur les chameaux en permanence ; je n'ai aucun scrupule à monter sur ces animaux à partir de deux heures de marche à pied. Mais il faudrait quand même expliquer pourquoi j'ai tellement tenu à effectuer cette expédition qui sera évidemment la dernière de mon existence, parce que les exigences de la physiologie et de l'âge parlent également, même si le désir de revoir le désert est peut-être parfois grand pour moi. Je pense que j'ai voulu faire une dernière expédition avant de fermer la parenthèse et de pouvoir me préparer à… quitter ce monde, et à passer à l'autre rive, tranquillement, et paisiblement, en ayant accompli un certain nombre de choses, en ayant négligé beaucoup d'autres hélas, n'ayant probablement fait ni grand mal ni grand bien, ce qui est peut-être déjà une solution assez générale. Mais enfin, est-ce que j'ai voulu revoir une dernière fois ces paysages ? pathétiques dans leur nudité, un peu effrayants d'ailleurs. C'est une espèce de tanezrouft que nous traversons en ce moment, un tanezrouft de sable, très peu de végétation, quelques touffes de sbot par-ci par-là, et généralement des sbots secs, même pas verts. Peut-être que demain les choses iront mieux.

Alors, aurais-je cédé à cette tentation de clore ma carrière saharienne si j'ose dire, commencée en 1922, par une dernière expédition au long cours, peut-être même *la* dernière expédition au long cours, puisque après tout, qui s'amusera jamais à refaire ce genre de chose, avec les moyens avec lesquels je les fais aujourd'hui, c'est-à-dire à chameau et à pied... ? Les voitures aujourd'hui passent pratiquement partout, et vont plus vite – ce qui n'est pas toujours d'ailleurs un avantage, parce que plus on va vite, moins on voit ce qui se passe sur le sol, c'est à pied qu'on voit beaucoup de choses, en marchant sur le sol.

Alors voilà le petit problème qui est posé, que nous aurons peut-être l'occasion de rediscuter au cours de ces rapides chroniques quotidiennes.

Pour l'instant, le vent semble s'être calmé, le soleil est en train de se coucher au-dessus d'une crête sablonneuse que je vois au-dessus de moi. Le ciel n'est pas coloré, le soleil est blanc, je pense que l'horizon va s'embraser d'un instant à l'autre et nous donner de ces ciels rougeâtres ou rougeoyants si fréquents dans notre désert, et je regarde le soleil disparaître... En réalité je regarde la terre monter, mais enfin l'usage veut qu'on continue à dire "le soleil se couche", "le soleil se lève", nous savons très bien que c'est la terre qui bascule... peu importe. Nous aurons probablement une belle nuit, et nous pourrons regarder les étoiles qui se verront en très grand nombre parce que la lune va se lever très tard. D'abord elle est de plus en plus réduite au point de vue luminosité, et puis elle apparaît de plus en plus tard, par conséquent il y aura une très belle soirée pour les amateurs d'étoiles et de constellations.

Voilà pour ce dimanche 5 décembre.

Lundi 6 décembre 1993

5 à 6° ce matin à l'aube, ce qui est fort supportable en l'absence de vent. Ce dernier n'a d'ailleurs pas tardé à se lever et nous a accompagnés toute la journée. Nous sommes maintenant au crépuscule, campés sur une surface sablonneuse sur laquelle pousse quand même quelque végétation un peu verte, et nos malheureux chameaux auront pour une fois, ce soir, de quoi manger.

Ce matin au départ, petit incident de route. Un de ces chameaux a quitté le groupe pour s'offrir un tour de piste individuel à grande vitesse, ce qui nous a d'autant plus émus qu'il était porteur de l'objet le plus précieux de tous : la charge contenant le matériel photographique et les prises de vue. Heureusement, l'animal a pu être rejoint et ramené au bercail sans que la catastrophe redoutée ait pu intervenir et tout s'est dès lors bien passé.

Nous avons marché toute la journée dans le sable, un sable d'une extraordinaire monotonie : très peu de végétation et, là où il y en a, toujours sèche. Notre ami Luc Marescot, chargé de la photographie et des prises de vues, devient chaque jour plus adapté à la vie méhariste, il s'y met il faut le dire très bien, avec beaucoup de conscience et de dévouement. Il est fort occupé dans son secteur, mais en plus il s'adapte à la vie générale de la caravane. Il marche très longtemps, il fait des étapes entières à pied, il donne la main aux bagages, il traîne quelquefois un chameau derrière lui pendant quelques kilomètres, etc. C'est un excellent élément pour nous tous, et je suis heureux de le voir s'adapter si facilement à une vie qui *a priori* est surprenante, bien entendu, pour quelqu'un qui vient de l'extérieur.

Quant à notre ami Jean Fabre, il fait tout ce qu'il a à faire avec beaucoup de conscience également. Il est infatigable, il parcourt les étapes à pied, et il s'occupe de moi comme un frère, je dois dire. Mais je dois ajouter aussi que ma fille Béatrice avait longuement parlé avec lui avant mon départ. Or ma fille était manifestement un peu inquiète de me voir partir à l'âge de quatre-vingt-onze ans pour une expédition de ce type avec, sinon les dangers, du moins les brutalités et les difficultés qu'elle devait comporter, et l'ami Jean Fabre s'occupe de moi et m'oblige à manger, m'oblige à boire... s'informe – même la nuit – pour savoir si j'ai froid dans mon campement... Cette nuit par exemple, à 21 h 30, j'ai vu une ombre circuler dans le camp, très silencieusement, comme un somnambule. Cette ombre s'est approchée de moi, j'étais parfaitement éveillé, je n'ai volontairement pas donné signe de vie, d'autant plus que s'il s'agissait d'un vrai somnambule, on dit qu'il vaut mieux ne pas le réveiller brusquement... Mais j'avais très bien compris que l'ami Fabre venait voir si j'étais bien couvert, si ma couverture ne s'était pas envolée, etc. C'est merveilleux d'être suivi comme ça par des anges gardiens en chair et en os. J'ai beaucoup de chance.

Nous marchions ce matin en plein vent, et face au vent. Marcher face au vent, avec un vent fort, marcher dans la direction du vent, c'est à la fois fatigant et difficile, je dirais même épuisant au bout d'un moment, et je crains bien de n'avoir pas fait ce matin exactement les deux heures de marche à pied que j'avais inscrites à mon programme. Alors je suis monté à chameau d'assez bonne heure et puis je suis resté jusqu'au campement, vers 15 h 30, à chameau, à m'embêter au sommet du véhicule. C'est comme ça... Si on n'est pas capable de faire l'étape à pied, on la fait à chameau. D'ailleurs les tonnelets et les bagages la font aussi à chameau, il n'y a pas que moi qui suis monté sur un animal. Là-haut, on s'ennuie, on pense à bien des choses, on grignote des bricoles. J'avais d'un côté des raisins secs, de l'autre côté des dattes, non moins sèches...

Mardi 7 décembre 1993

Ce matin 4 ou 5° à l'aube, mais pas de vent, le vent se lèvera plus tard et durera toute la journée. Donc il semble bien qu'un régime constant se soit installé : des journées venteuses – et malheureusement nous marchons contre le vent, ce qui est très fatigant et désagréable et irritant –, mais des nuits calmes, ce qui est prodigieusement agréable et ce qui permet au milieu de la nuit de sortir sa tête des sacs de couchage, calmement, et de regarder les étoiles.

Aujourd'hui, nous avons traversé des surfaces sablonneuses considérables, sans beaucoup d'accidents de terrain sauf quelques lambeaux de cordons de dunes, avec des pentes quelquefois un peu abruptes, mais qu'on passe facilement, et nous sommes arrivés à cinq heures du soir dans une grande dépression où nous avons campé.

Nous avons vu dans la journée déjà quelques individus de hâdh, cette fameuse plante qui réjouit si fort les chameaux ; tout d'abord deux belles touffes et puis quelques petites, mais là où nous sommes ce soir il semble qu'il n'y ait rien. Nous étions campés quand nous avons entendu des moteurs de voiture, et nous avons été surpris par l'arrivée de trois véhicules de l'armée mauritanienne dont une ambulance même. Ces aimables militaires nous ont expliqué qu'ils avaient reçu des consignes leur ordonnant de nous venir en aide de toute façon et de faciliter notre voyage, ce qui est tout à fait sympathique de leur part. Ils vont camper ce soir avec nous certainement, ils sont déjà en train de dresser leur camp. Et demain nous allons reprendre la route dans la direction qui nous intéresse, et plus spécialement dans celle qui intéresse notre géologue qui a repéré sur des photographies, soit d'avion soit de satellite, des endroits où peut-être déjà il pourrait atteindre des affleurements rocheux – les affleurements rocheux que nous recherchons, puisque le but de notre excursion est de tâcher de savoir où et comment se terminent vers l'ouest, en direction de la Mauritanie, les puissantes formations qu'on appelle plus à l'est les grès du Khnâchîch ou, d'une façon plus compréhensible, le continental intercalaire. La route reprend demain matin tranquillement et paisiblement.

Mercredi 8 décembre 1993

Ce matin à l'aube : 4°. Le détachement militaire, qui était venu hier nous rencontrer et nous assurer de son aide si nous avions besoin de quoi que ce soit, nous quitte ce matin. Nous sommes repartis également à travers des plaines sablonneuses, très désertes hélas. Il n'y a que très très peu de végétation, ce qui n'est pas trop encourageant en ce qui concerne les chameaux, puisque ces animaux ont besoin de manger tous les jours.

Et moi j'ai eu une expérience difficile ce matin au cours de l'étape, à partir du moment où je suis monté à chameau, c'est-à-dire au bout de deux heures de marche parce qu'on m'a fait monter sur un chameau, d'abord qui n'avait pas la selle à laquelle… la mienne, ma selle personnelle, à laquelle je suis habitué… c'était une selle qui était mal placée, inclinée vers l'arrière. Or, se promener à chameau sur une selle qui est inclinée vers l'arrière, c'est extrêmement pénible et désagréable : on est constamment en train de s'accrocher au pommeau pour ne pas glisser vers le troussequin, vers l'arrière. Et cette position est très difficile pour les jambes et pour les cuisses… Cela n'a heureusement pas duré éternellement. Nous avons baraqué d'assez bonne heure parce qu'on a trouvé un petit pâturage, enfin ce qu'on appelle un pâturage, en langage vulgaire, c'est-à-dire une touffe tous les cinquante mètres, là où il y en a. On s'est arrêté quand même pour laisser manger les animaux.

On a passé l'après-midi tranquille. Notre ami Jean Fabre m'a fait la lecture d'un livre de Herard sur le silicium dans la géologie, livre bien intéressant parce qu'il peut toucher au problème du verre libyque auquel je m'intéresse particulièrement depuis quelques années. Nous avons lu longtemps, frère Jean a bien voulu me faire la lecture pendant que M. Marescot écrivait, je crois, à côté de nous, assis sur le sable.

Maintenant le soleil s'est couché, sans grande couleur d'ailleurs. Il faut ajouter qu'aujourd'hui des nuages se promènent dans le ciel et peu à peu sont en train de le couvrir. Est-ce que cela nous promet un changement de temps, est-ce qu'il va pleuvoir ? On ne sait pas, on en reparlera peut-être demain.

Aujourd'hui, frère Jean a trouvé un éclat de quartzite, fabriqué par les gens de la préhistoire évidemment, et il se demande si cet objet ne vient pas des affleurements que nous recherchons.

Demain, nous reprenons la route, sans trop nous presser, nous marchons assez lentement, nous ne parcourons pas beaucoup de kilomètres dans une journée, mais nous avançons régulièrement vers le but de notre voyage qui va être, dans quelques jours maintenant, de rencontrer des affleurements pouvant représenter ce continental intercalaire auquel nous nous intéressons tant et dont j'ai déjà remarqué, traversé même, plusieurs affleurements autrefois quand j'allais en ligne droite d'un point qui s'appelle Arawân au nord de Tinbouktoû, jusqu'au point de El-Mrâyer où nous allons arriver d'ici quelques jours. La suite de l'histoire au prochain numéro.

Jeudi 9 décembre 1993

13° ce matin à l'aube et ciel couvert qui le restera plus ou moins toute la journée. Quant à l'alternance des journées venteuses et des nuits calmes, ce cycle semble définitivement fixé maintenant et je n'en reparlerai pas à l'avenir, sauf nouvel incident météorologique.

Toute la journée dans une immensité sablonneuse, sans limite dans aucune direction. Une espèce de ténéré, ce que les Anglais du désert libyque appelle une *Sand See,* à perte de vue. C'est un peu décourageant, d'autant plus qu'il n'y a pas de végétation, et par conséquent pas de nourriture pour les animaux. Çà et là quelques touffes de sbot sec, autrefois vivant, il y a quelques années probablement, quand il a plu sur cette région déshéritée. Actuellement, tout est sec, pas un brin d'herbe verte, pas non plus de traces d'animaux d'ailleurs, pas de trace de fennec, pas de trace de rongeurs, même pas de traces d'insectes. C'est un pays abandonné par les êtres vivants, mais il faut quand même le traverser pour arriver aux affleurements rocheux que nous recherchons. Cet après-midi, nous sommes arrivés sur des affleurements lacustres, qui intéressent notre géologue, ils sont très communs dans la Majâbat, il y en a des milliers de ces fonds de lac, fragments de grands lacs, ou bien fonds de petits lacs, on ne sait pas exactement, avec des mollusques, naturellement d'eau douce, et notre photographe m'a montré ce soir un objet qui ressemble étonnamment à un fragment de pince de crabe. On peut se demander si, dans ces lacs, il n'y avait pas des brachyoures, des crabes, et on essaiera peut-être d'identifier ce crabe si c'est possible. Nous avons au Muséum une excellente spécialiste de la systématique et de la morphologie des crabes, Mme Danièle Guinaud, et si ce fragment arrive intact à Paris, l'année prochaine, on pourra tenter de l'identifier, d'autant plus que, s'il y a eu des crabes dans ces lacs, il n'y a pas beaucoup d'espèces vraisemblables. Ça peut être des crabes d'Afrique du Nord, des potamonidés d'Afrique du Nord ou ça peut être des potamonidés du bassin du Niger, ou du

Sénégal éventuellement, il y a des crabes d'eau douce partout en Afrique*.

Voilà, cette journée fut un peu laborieuse. Nous nous sommes arrêtés d'assez bonne heure cet après-midi, mais les animaux n'ont pas mangé et il faut souhaiter que ce genre d'exercice ne se répète pas trop souvent. Espérer aussi que demain nous trouverons quelque chose à leur mettre sous la dent, parce que, comme j'ai déjà eu l'occasion de le dire plusieurs fois je crois, sans les chameaux nous n'irions pas très loin dans ce genre de paysage, individuellement et à pied, ce n'est pas un pays pour les primates. On se demande pour qui d'ailleurs c'est un pays...

Frère Jean me signale des petites mouches jaunâtres et qui piquent... Moi je veux bien, je ne sais pas trop d'où elles peuvent venir ni qui les a transportées ici, mais enfin on ne sait jamais. On trouve quelquefois des débris de fulgurite sur le sol, ces petits objets fabriqués sur le sable par la chute de la foudre. La foudre, en fondant le sable, forme des tubes – en général des tubes – en silice, une silice un peu spéciale qu'on appelle la lechatelierite. Ces tubes sont droits, verticaux, plantés dans le sable, ensuite ils se cassent, ils tombent par terre, ils se

* Le 9 décembre 1993 était recueilli dans un dépôt quaternaire lacustre un petit cylindre creux de couleur blanchâtre d'apparence calcaire ou osseuse (n° de récolte 19 339 T. M.), d'origine très énigmatique et dont je m'étais demandé s'il n'aurait pu s'agir d'un fragment de patte d'un crustacé décapode, par exemple une très grosse crevette. Mme Sylvie Secretan a bien voulu soumettre cet objet à Mme Suzanne Freinex, spécialiste des bivalves qui croit pouvoir y reconnaître une portion du tube calcaire, ou "cheminée", tel que construisent certains bivalves perforeurs de la famille des Pholadidae, pour servir d'étui au siphon, qui peut avoir une extension considérable. C'est le cas des genres *Teredina* Lamarck 1818 ou *Pholalidea* Turton 1819.
Il est vrai que la famille des Pholadidae est largement marine, mais certaines espèces peuvent habiter l'eau saumâtre ou même l'eau douce. (S. Secretan *in litt.*, 18 septembre 1995.)

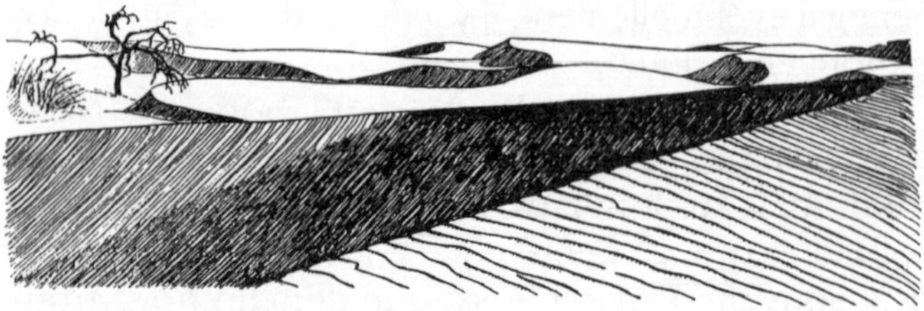

couchent, mais quelquefois la forme est complète. Il existe des fulgurites ramifiées, des fulgurites en forme d'omelettes, en forme de crêpes, etc., c'est assez varié. C'est un des types assez connus de ce qu'on appelle les verres naturels. Le chapitre des verres naturels est une considérable partie de la pétrographie, parce qu'il y a d'abord les verres volcaniques bien entendu, la ponce c'est un verre naturel, l'obsidienne, également et celle-ci a été fort utile aux hommes de la fin de la préhistoire, en particulier en Afrique orientale : on connaît des mines, des endroits où les hommes préhistoriques creusaient dans des gisements d'obsidienne pour extraire la belle roche dont ils avaient besoin. Et puis il y a les verres naturels provoqués par les impacts météoritiques : quand un impact fait fondre une partie du substratum sur lequel est tombé le corps céleste, le substratum peut se transformer en verre, ça s'appelle une impactite, c'est très commun autour de bien des cratères naturellement, plutôt qu'à l'intérieur de ceux-ci. Et puis il existe un verre naturel peu connu, dont les exemples sont rares, ce sont les vitrifications qui se produisent sur les surfaces de glissement d'une montagne, d'un fragment de montagne qui s'est séparé de son substratum et qui a glissé vers la vallée. Un site bien connu est celui d'Ötztal dans le Tyrol. Je suis allé voir cet endroit. Je me demandais autrefois si ce n'était pas un impact de météorite. Non, c'est la montagne qui a glissé et sur la surface de glissement, est apparue une certaine vitrification, de peu d'épaisseur.

J'ai parlé tout à l'heure des fulgurites, mais il se produit des fulgurites ailleurs que dans les déserts bien sûr, dans les montagnes en particulier quand la foudre frappe le sommet d'une montagne, si le substratum s'y prête, cela peut provoquer une certaine vitrification.

Un autre cas de verre naturel est resté mystérieux pendant très longtemps : celui de Tasmanie, qu'on appelle le verre de Darwin. Puis vient le grand chapitre des tectites : c'est un verre qui a été craché, si j'ose dire, par un cratère d'impact au cours de l'explosion qui suit le choc. Le substratum est fondu, ramolli, etc., et une partie de celui-ci repart vers l'atmosphère et retombe là où il peut, quelquefois très loin : par exemple les tectites de Tchécoslovaquie (il faut dire maintenant de Tchéquie je suppose), ces tectites qu'on appelle des moldavites, pas du tout parce qu'il y aurait le moindre rapport avec la Moldavie, mais parce qu'une rivière, à Prague, s'appelle la Moldau. Eh bien ces tectites de Tchéquie sont sorties d'un cratère nommé le Rieskessel, en Bavière... C'est un cratère de vingt kilomètres de diamètre, encore tout rond, très impressionnant. Il date du Miocène, et il y a une ville à l'intérieur du cratère, au centre. C'est la ville de Nördlingen. A l'intérieur de l'église on peut voir toutes sortes de souvenirs historiques concernant une bataille de la guerre de Trente Ans. On a appelé suévite la roche qui vient de ce cratère. Les tectites de Tchéquie ayant été déterminées du même âge que le verre de Rieskessel, on les suppose provenues de ce cratère. Un deuxième exemple très connu est celui des tectites de la Côte-d'Ivoire, qui semblent être sorties d'un cratère qui est au Ghana, actuellement un lac qui s'appelle le lac Bosom Tui, difficile d'accès d'ailleurs car la forêt arrive jusque-là. Quand le professeur Gentner, un géo-chimiste de Heidelberg, a voulu se procurer du verre du cratère de Bosom Tui, j'ai essayé de l'y aider. Nous sommes allés au bord du lac, et je lui ai dit : “Mon cher collègue, maintenant la seule chose à faire c'est d'enlever nos souliers, de retrousser nos pantalons et de remonter un des ruisseaux qui descend la pente interne du cratère." Ce que nous avons fait. Au bout d'un certain temps, nous avons trouvé un tuf et dans ce tuf brillaient des échantillons de verre, que mon collègue Gentner a précieusement emporté à Heidelberg pour constater que l'âge de ce verre était sensiblement le même que celui des tectites de Côte-d'Ivoire. La tectite n'est pas rare, il existe des champs de tectites bien connus en Australie, en Indochine, en Malaisie, aux Philippines, etc. Il y en a de tous les âges aussi, et il doit y en avoir pas mal dans la mer également.

Restent encore des verres mystérieux, comme celui du désert libyque, qui m'intéresse depuis quelques années, puisque c'est une roche qui contient 98 % de silice, plus quelques bricoles, un peu d'eau, quelques éléments non silicés. On trouve ces morceaux dispersés sur les regs qui séparent les cordons dunaires de la partie méridionale de ce qu'on appelle la *Sand See*. Cette énorme masse de sable de six cents kilomètres de long et deux cents de large, qui vient de Siwa et descend jusqu'au plateau du guelb Kebir dans une des régions les plus arides du monde entier, où je retournerai avec beaucoup d'intérêt dans quelques semaines, à la fin du mois de février prochain, toujours pour récolter du verre. Ce verre, donc, nous n'en trouvons que des petits fragments dispersés. Nous sommes peut-être très loin de l'origine du verre lui-même, et il est malheureusement possible que ces origines nous soient définitivement cachées et scellées par une masse énorme de sable qu'il y a par-dessus. Je ne sais pas si on arrivera jamais au point d'où ce verre est parti. Parce que là peut-être on aurait une idée des conditions de sa formation. Actuellement il y a deux hypothèses majeures, qui bien entendu s'opposent l'une à l'autre : une hypothèse impactite, mettant ce verre en liaison avec la chute d'un corps céleste, qui aurait fait fondre du sable ou des quartzites de Nubie qui est le fond du paysage, ce verre est mélangé à des morceaux de quartzite. Alors en ce moment on essaie de faire des essais de fusion sur la quartzite pour voir à quoi ressemble le produit, à telle et telle température, etc.

Une autre théorie, depuis quelques années, est tout à fait différente, à savoir qu'il s'agirait d'un produit non pas fondu, mais un produit sédimentaire... Le professeur Jux de l'université de Cologne est allé sur place d'ailleurs, il a creusé des trous, il croit avoir constaté que ce verre se présente en masse en profondeur sous forme de bancs horizontaux, comme un sédiment... et son idée est que ce verre en silice dissoute, qui date du Miocène (environ 25 millions d'années, entre 24 et 28 millions mais on dit généralement 25 millions), se serait formé dans des lacs, des lacs d'une eau extraordinairement chargée. J'ai reçu récemment un rapport d'un géologue du sud de la France, qui ne parle pas de verre, mais de "silice vitreuse". Il pense que, dans certaines conditions, des eaux chaudes, thermales, etc., seraient capables de faire ceci ou cela. Je n'ai pas d'opinion personnelle bien entendu – mais il ne faut négliger aucune piste dans un problème pareil, d'autant plus que M. Ulrich Jux de Cologne a trouvé dans le verre, "des éléments figurés", c'est-à-dire des spores, et des grains de pollen. Et cette année même, M. E. Diemer, avec qui j'étais dans le désert libyque, a rapporté un morceau de verre qu'il a fait examiner et il y avait dedans des éléments figurés, curieux comme forme, des épines, etc., que j'ai montrés à un spécialiste des micro-fossiles. Il s'agirait bien d'éléments végétaux qui avaient déjà été entrevus autrefois, au XIXe siècle par un certain Wentsels, etc., enfin, le nom n'ajouterait rien à l'affaire, parce que ce sont quand même des éléments peu communs dans les sédiments...

Alors voilà, nous essaierons de retrouver encore des morceaux de verre libyque avec des inclusions, jusqu'à ce qu'on puisse aboutir à une hypothèse plausible sur la façon dont ce verre s'est formé. Il en existe des gros morceaux : il y a deux ans, nous avons trouvé un morceau, avec les Allemands, de 26 kilos, alors que le morceau le plus gros connu jusqu'à présent, qui est dans une vitrine du musée géologique du Caire, pesait 7 kilos. 26 kilos, c'est quand même déjà assez différent. Je me rappelle le jour où nous avons déterré cette énorme masse de silice. Les Allemands avec lesquels j'étais ont très courtoisement décidé que ce morceau si remarquable serait, en l'honneur de mon quatre-vingt-dixième anniversaire, offert au Muséum national d'histoire naturelle, où il se trouve actuellement à la galerie de minéralogie.

Voilà, pour ce soir, nous avons suffisamment bavardé. On recommencera demain, si tout va bien.

Vendredi 10 décembre 1993

18° ce matin à l'aube. Incroyable ! Serait-ce déjà l'été ? En tous les cas, aujourd'hui, le moral de la troupe s'est vivement amélioré parce que nous avons enfin trouvé, après les solitudes de ces derniers jours, des sables couverts de graminées sèches, en nombre quand même appréciable et capables de rassasier au passage nos chameaux affamés. Donc c'est une grande journée pour nous.

La nuit dernière, j'ai fait un rêve assez singulier pour la Majâbat al-Koubrâ, je me suis demandé si les églises étaient capables d'apporter un appui significatif à la défense des animaux si souvent victimes de la bêtise ou de la cruauté des hommes. La réponse est "non" bien entendu. Mais enfin le problème est posé quand même. La réponse est "non" parce que, comme les trois grands monothéismes ont décidé que l'homme était le roi de la création, et comme la

Genèse nous explique au chapitre IX et au verset 2 que l'homme est destiné à devenir la terreur des êtres vivants, on s'explique que les religions aient considéré l'animal, les autres animaux que l'homme, comme simplement des "objets", ou du "matériel" dont on pouvait faire ce qu'on voulait, dans n'importe quelle circonstance.

Bien sûr, aucun théologien actuel ne serait capable de répéter ce qu'avait dit un père de l'Eglise, que les animaux n'avaient été créés que pour l'utilité ou le plaisir de l'homme… Ce genre de sottise n'a plus cours, même chez les théologiens, mais il reste que tout ce qui tend à diminuer, si peu que ce soit, le gouffre que l'on a créé entre l'homme et les autres animaux, est suspect aux orthodoxies religieuses ; ça les gêne qu'on puisse considérer l'animal comme un être sensible et souffrant, ça les gêne encore plus que certains penseurs depuis le XVIIIe siècle se soient demandé pourquoi au fond l'animal n'aurait pas aussi droit à une survie et à un au-delà. Mais enfin c'est comme ça, pour l'instant, peut-être un jour verrons-nous dans les églises prier pour les animaux. Ce serait un signe des temps, mais ce signe des temps tarde à venir. Et pourtant, Isaac de Ninive au VIe siècle, un évêque nestorien, avait pris la peine de nous inciter à prier pour les bêtes et même, disait-il, pour les reptiles, il faut prier aussi pour les reptiles. Voilà une belle maxime ! Seulement, elle n'a pas été très directement mise en pratique. Mais enfin…

Nous sommes campés ce soir pas très loin d'un nouveau fond de lac, dépôt lacustre, qui affleure plus ou moins sous les sables, il devait y avoir autrefois d'énormes lacs dans cette région. Le petit objet que j'ai vu hier, que j'avais considéré comme pouvant être un débri de crabe, pourrait au fond être aussi un débri d'une très grosse crevette, ce serait peut-être même plus vraisemblable, parce que les crabes n'habitent guère les eaux stagnantes, alors que les palémonidés peuvent le faire. On verra plus tard si on arrive à identifier ce petit débri, ce sera très intéressant.

Nous avançons, mais nous avançons très lentement, très très lentement, je n'ose même pas trop dire le nombre de kilomètres que nous faisons chaque jour, ce ne serait pas très convenable, mais nous avançons. Personnellement, je suis assez fatigué, je ne marche pas très longtemps le matin et je monte à chameau ce qui pose de nouveaux problèmes parce que... Aujourd'hui par exemple, la selle a été un petit peu inclinée vers l'arrière, et puis ensuite un petit peu inclinée vers la droite, et se trouver sur une selle qui n'est pas en parfait équilibre, c'est toujours très pénible parce qu'il faut constamment rétablir son siège et sa façon de se tenir au sommet de cet édifice. Ce n'est pas si simple ! Ça donne des crampes dans les cuisses, et à l'arrivée, on ne songe plus qu'à une chose : à se coucher par terre, à se couvrir la tête d'un voile et à somnoler un certain temps avant de reprendre contact avec la vie extérieure. Mais enfin ça fait partie du programme, on ne s'en plaint pas, et puis nous espérons toujours que d'un jour à l'autre, nous allons trouver ce que nous cherchons ! C'est-à-dire non pas des dépôts lacustres quaternaires, mais des roches représentant ce fameux continental intercalaire à la rencontre duquel nous marchons déjà depuis un certain nombre de jours.

Voilà pour aujourd'hui.

Samedi 11 décembre 1993

Hier soir il faisait 25°, ce matin à l'aube le thermomètre marquait encore 20° : c'est tout à fait remarquable. Le ciel reste couvert, dans la journée, l'un de nous prétend avoir reçu deux gouttes de pluie, ce qui n'est pas du tout impossible.

Aujourd'hui nous traversons une région qui intéresse beaucoup notre géologue parce qu'il s'y trouve des affleurements rocheux. Certains d'entre eux sont tout simplement ce qu'on appelle des târoûs, c'est-à-dire des dépôts lacustres, accompagnés de nombreuses coquilles de mollusques. Et puis, il y a autre chose, plus important pour nous : ce sont des roches proprement dites, datant du Paléozoïque, qui sont connues dans l'Adrâr de Mauritanie, en particulier un étage que j'ai bien connu et décrit, et que j'ai appelé les grès de Zli. Ce sont des grès à structure transverse, traversés d'une quantité de petits tuyaux, verticaux par rapport à la sédimentation, et qui caractérisent ces grès ; ces tubes ont été probablement faits par des organismes vivants, dans la mer naturellement, et ceci nous donne un niveau dans la stratigraphie des roches de la région : nous ne savions pas que ces grès à tigillite s'étendaient jusqu'ici, vers l'est.

Sur ces grès à tigillite, qui affleurent abondamment dans la région où nous sommes aujourd'hui, Frère Jean a trouvé déjà plusieurs éléments rocheux, différents de ces grès paléozoïques et qui pourraient appartenir à la base du continental intercalaire dont nous recherchons la répartition dans cette région du Sahara occidental. Autrement dit, nous aurions trouvé aujourd'hui déjà à quelle longitude s'avance vers l'ouest la base de ces grès du Knâchîch que Frère Jean connaissait bien dans la région de Tâwdanni.

Aujourd'hui est donc une date importante pour notre exploration parce que riche en découvertes.

On a trouvé aussi, j'ai vu un exemplaire, il y en avait probablement plusieurs, une plante que je n'avais pas encore vue dans la Majâbat centrale, une chenopodiacée qui s'appelle *ascaf* en maure, et *Nucularia perrini* en langage botanique officiel. Ce qui est curieux c'est que ce n'est pas du tout une plante de sable – ici il n'y a que du sable, avec des plantes de sable –, c'est une plante de caillou et de reg, et c'est peut-être parce que aujourd'hui il y a beaucoup d'affleurements rocheux que quelques pieds d'*ascaf* ont pu s'introduire dans cette région sablonneuse et dunaire.

Hier soir, je parlais de la difficulté qu'éprouvaient les Eglises à donner à l'animal la place qu'il mérite dans leur philosophie et, ce qui est beaucoup plus important, dans leur morale. Mais il n'y a pas que les confessions religieuses qui soient dans ce cas-là, parce que l'Eglise rationaliste est tout aussi cruelle que les Eglises chrétiennes vis-à-vis de l'animal. Pour l'Eglise rationaliste, l'homme compte seul bien entendu, tout le reste n'est qu'objet et ne mérite pas qu'on lui donne le moindre droit. Le mouvement en faveur des droits de l'animal est très mal reçu par l'Eglise rationaliste qui pense que l'animal n'est pas capable de se voir accorder un droit, et je crains même le droit de se voir protégé contre les excès de cruauté de ce curieux homme dont on nous dit tant de bien, à la fois du côté des confessions religieuses et à la fois du côté de l'orthodoxie rationaliste.

La journée en ce qui me concerne a été bonne. Hier j'étais très fatigué. La selle n'était pas toujours tout à fait en équilibre et il est très pénible de s'accrocher à une selle qui penche soit d'un côté soit de l'autre. Aujourd'hui, c'était parfait, j'étais sur une selle parfaitement horizontale et j'ai fait l'étape de façon très normale, sans trop de fatigue. C'est un point à retenir parce que, de façon générale, quand même, je ne suis pas très très fort dans mon grand âge. Et on pouvait se demander si ma participation à une expédition de ce genre n'était pas peut-être un tout petit peu imprudente. Jusqu'à présent, je fais ce que je dois faire, je marche deux heures le matin, ensuite je monte à chameau et je reste ainsi jusqu'à la fin de l'étape. Je ne gêne personne, semble-t-il, je ne retarde pas la marche de notre petite caravane, qui d'ailleurs avance très lentement dans l'ensemble. Je crois qu'il faudrait soit marcher plus longtemps, soit marcher plus vite, parce que les distances qui restent à parcourir sont énormes, nous ne sommes même pas encore au point que nous devons atteindre à mi-chemin et puis ensuite il y a la deuxième tranche qui nous mènera au point d'eau, du Gçeyb, et puis ensuite il y aura le retour ! Le retour, c'est cinq cents kilomètres sans eau, alors... nous verrons d'ici là. "A chaque jour suffit sa peine", c'est un excellent dicton.

Voilà pour aujourd'hui.

Dimanche 12 décembre 1993

17° au lever du jour. Ciel légèrement couvert toute la journée, ce qui nous met à l'abri d'une insolation plus violente, pas toujours très bénéfique à nos épidermes d'hyperboréens. En tout cas, journée plus désertique que jamais : une immense plaine sablonneuse, sans végétation, ce qui n'est pas très encourageant pour les animaux. Je suis un peu fatigué après une journée entière en selle. Bien sûr, une fois qu'on est juché au sommet du véhicule, on est dispensé de patauger à pied dans le sable, mais certaines brutalités s'attachent quand même à ce genre d'équitation méhariste. On est plié en deux en réalité au niveau de la charnière pelvienne, une fois par mètre, c'est-à-dire mille fois par kilomètre. Il faut que cette charnière soit bien graissée, bien huilée, pour supporter ces chocs perpétuels qui, à la longue, sont évidemment un peu fatigants. Il y a également les jambes, on ne sait jamais très bien comment les installer, on les croise d'abord d'un côté, à gauche, et puis ensuite on les croise à droite, et puis ensuite on les croise au milieu sur le cou des chameaux... On cherche une position qui ne soit pas trop pénible, et on la trouve plus ou moins, mais enfin l'exercice est quand même dans son ensemble un peu brutal et on comprend qu'on ait quelques courbatures à l'arrivée, et qu'on ait envie de s'étendre un peu, de boire une gorgée d'eau et de se reposer.

Au coucher du soleil, il y avait un magnifique ciel pommelé au-dessus de nous, blanc sur fond bleu clair, et j'ai assisté plusieurs fois à l'apparition ou la disparition de ces taches blanches, je ne sais pas très bien comment le phénomène se produit en altitude, mais c'est curieux de voir des nuages disparaître sous vos yeux, et un moment après réapparaître, toujours sous vos mêmes yeux bien entendu.

On n'a rien vu aujourd'hui que du sable, on n'a pas vu de cailloux de quelque intérêt, mais nous sommes encore loin d'El-Mrâyer. Nous marchons vraiment très lentement, nous aurons fait vingt-cinq kilomètres dans la journée, c'est mieux que zéro bien sûr, mais ce n'est pas une distance très considérable pour une étape saharienne. Enfin, on arrivera, peu à peu. Ce qui est particulièrement préoccupant, c'est le pâturage, parce que vraiment dans cette région-ci, il n'y a pas grand-chose, parfois même rien du tout, et les animaux ont besoin de se nourrir, et d'autre chose que de paille sèche. Le peu qu'il y a c'est de la paille sèche ici, vestige d'une averse d'il y a dix ans, ou plus, alors... les animaux mangent, naturellement, parce qu'ils ont faim, mais ça ne leur donne pas d'humidité, cela ne leur donne pas d'eau. L'eau, ils la trouveront à l'abreuvoir quand on arrivera au puits, mais le puits est encore terriblement loin, nous ne sommes même pas encore à la moitié du trajet aller.

Et puis après le trajet aller, il y aura le trajet retour, qui posera peut-être aussi des problèmes.

Mais à chaque jour suffit sa peine, une fois de plus.

Lundi 13 décembre 1993

13° ce matin à l'aube. Les températures descendent un peu. Le ciel est toujours plus ou moins voilé au-dessus de nous. Journée sans grand changement, c'est-à-dire une plaine immense, illimitée dans tous les sens – un vrai ténéré – et vraiment peu de végétation, ce qui commence à nous inquiéter parce que les animaux ont besoin de manger. Mais dans le courant de la journée, nous trouvons quand même plusieurs taches d'une plante qu'ils aiment beaucoup, qui est très nourrissante, c'est le hâdh, le *Cornulaca monacantha*, dont les chameaux raffolent.

Nous campons de bonne heure, la journée ne sera pas très longue, nous n'aurons pas fait beaucoup de kilomètres, mais nos animaux auront bien mangé et c'est extrêmement important, pour eux d'abord, bien sûr, et également pour le moral des Bédouins que nous avons avec nous, parce qu'ils savent très bien que la santé des animaux c'est notre santé à nous tous. Nous n'irions pas très loin sans les chameaux.

Cette nuit, j'ai fait deux rêves. Un fort désagréable d'ailleurs, j'ai rêvé qu'un de mes chers amis avait décidé de se supprimer en sautant du haut d'un pont, très élevé, pour sauter dans une rivière dont je n'ai pas retenu le nom. C'est singulier ce genre de choses qui vous apparaissent en songe. J'ai eu ensuite un autre songe encore beaucoup plus tragique, si je puis dire. Il s'agissait d'une petite ville, négro-hispanique, peut-être quelque part vers les Antilles, où se tenait un congrès de protection de la nature. Je m'étais éloigné un peu du centre de la ville, la partie résidentielle où sont les cafés, les hôtels, etc., c'était le matin de bonne heure, et je vois arriver un plateau qui avait des roues, qu'on pouvait tirer dans la rue, il était recouvert de feuilles, de bananier peut-être, ou autre, mais j'ai très bien vu ce qu'il y avait sous les feuilles : il y avait des cadavres humains, mais pas normaux si j'ose dire, propres, c'était des cadavres déjà à demi dépecés et ruisselant de sang. C'était une vision tout à fait effrayante, parce que… je ne suis pas resté sur place pour voir si le public venait acheter un bras ou une jambe, mais ça m'a beaucoup effrayé, cette vision de ces cadavres à demi dépecés. Et puis je me demandais d'où ils venaient. Venaient-ils de l'hôpital ou de la prison ? Enfin, n'y pensons plus, cette nuit j'espère avoir des rêves plus souriants, ou pas de rêves du tout ce qui est peut-être le mieux.

La nuit est calme, il n'y a pas de vent, c'est bien agréable. Nous n'avons pas parcouru beaucoup de kilomètres aujourd'hui. Nous tâcherons peut-être d'en faire un peu plus demain, parce qu'il faut quand même avancer aussi, si on veut arriver aux cailloux qui nous attendent et qui sont l'objet de notre voyage.

Je ne sais pas si dès demain nous en aurons, mais nous en aurons bientôt, parce que le but de notre voyage est un but strictement géologique : les grès de Khnâchîch. Et puis il y a une question dont on pourra reparler dans cette chronique quotidienne, mais il est peut-être trop tôt pour tirer une conclusion, c'est de savoir si j'ai été vraiment très imprudent en acceptant d'organiser ce voyage et d'y participer à un âge où la plupart des vieillards ne sont plus en état physique de fournir un effort tel que celui qu'exige une longue méharée de cette sorte. Pour l'instant, je crois que je ne gêne encore personne, je ne marche pas longtemps à pied, je passe une partie de la journée à chameau. On verra plus tard, peu à peu, comment j'arrive à me comporter physiquement, et si j'arrive à faire dans des conditions honorables ce long voyage qui a tant surpris et peut-être inquiété certains de mes amis et certains de mes proches en particulier, qui considéraient probablement qu'il était tout à fait imprudent de ma part de m'engager dans une aventure qui pouvait souligner mon peu de résistance physique à l'effort. Bien sûr j'ai fait autrefois des choses de ce genre, et même beaucoup plus longues, mais c'était il y a quarante ans et j'avais cinquante ans à ce moment-là, j'étais encore beaucoup plus vigoureux que maintenant. Maintenant... il faut admettre les choses de la nature et admettre que la vieillesse implique un certain nombre de déchéances physiques. Mais je crois aussi que la résolution, la volonté, sont un facteur important dans ce genre d'aventure et peuvent dans une certaine mesure faciliter les choses même si l'état physique n'est pas celui d'un homme dans toute la force de l'âge.

Voilà, pour ce soir, c'est terminé.

Mardi 14 décembre 1993

13° ce matin à l'aube. Mais la journée sera différente des précédentes parce que le vent ne se lèvera pas dans la journée. Par contre il y aura du soleil et de la chaleur, alors on peut s'interroger sur les avantages du vent qui donne une certaine fraîcheur mais qui ralentit la marche, surtout quand on avance face au vent, comme tous les derniers jours, ou sur les avantages du soleil qui donne de la chaleur, mais en l'absence de vent...

Le paysage est toujours aussi sinistre, fort beau mais sinistre : plaines de sables coupées de cordons vifs orientés nord-est sud-ouest, comme il se doit dans la région mais il y a par endroits quelques touffes de hâdh, vivantes, et même quelques touffes de sbot vert, ce qui n'est pas mauvais pour les animaux...

Frère Jean note qu'il a vu aujourd'hui des traces de lézards, de coléoptères ténébrionidés, peut-être cela indique-t-il que nous entrons dans une région moins azoïque, moins ténéréenne que ce que nous avons suivi jusqu'à présent. Nous verrons ça à partir de demain. Mais la grande réussite de la journée, pour notre géologue, c'est la découverte d'affleurements, qu'il attendait d'ailleurs, qu'il avait notés déjà sur des photographies d'avion ou de satellite. On est tombé dessus aujourd'hui, au milieu de la journée, et il est allé voir ces affleurements. C'étaient des grès avec des empreintes de fossiles de brachiopodes, c'est-à-dire vraisemblablement le Dévonien supérieur, que j'avais décrit autrefois dans le centre de l'Adrâr et qui est connu également dans la région de Tâwdanni. C'est un jalon nouveau entre ces affleurements déjà connus. Ce sont des empreintes de moules internes, il serait intéressant de revenir ici avec des moyens suffisants, une voiture, des moyens d'excavation pour répertorier une véritable faune. Mais nous avons quelques échantillons et c'est important. Ce qui ne l'est pas moins c'est que sur ces grès paléozoïques fossilifères, autre chose a été remarqué : des roches différentes, qui pourraient bien être – qui sont probablement – la base de ce que nous cherchons, c'est-à-dire la base du continental intercalaire. Tout ça se tient très bien, et il est probable que les jours suivants vont nous aider à vérifier ces premières hypothèses. C'est exactement ce que nous cherchions.

Aujourd'hui, je suis très fatigué parce que ma selle était mal équilibrée ce matin et se promener pendant des heures et des heures sur une selle qui n'est pas absolument en équilibre est un exercice très pénible pour les cuisses. La selle que j'ai montée aujourd'hui avait tendance à reculer, et c'est très pénible pour le personnage qui est en haut du véhicule. Il y est promené, il y est transporté. C'est vrai, on lui épargne la marche à pied, mais la marche à chameau, si j'ose dire, n'est pas toujours facile pour les muscles des cuisses parce qu'il faut arriver à trouver un équilibre, perpétuellement changeant. On met les jambes d'un côté, on met ses jambes de l'autre, dans l'axe de l'encolure de l'animal, mais on est toujours coincé entre le pommeau, cet instrument maudit, dont les bords sont tranchants – voilà bien une trouvaille tout à fait exceptionnelle – et comme on est violemment pressé entre le bord de l'aile de la selle, et le bord latéral tranchant du pommeau, ces pressions sont douloureuses pour la face interne de la cuisse qui n'est pas dans notre organisme, pour autant que je sache, la région où la peau est la plus épaisse. Alors on tient le temps qu'on peut tenir naturellement. On peut toujours demander à ce qu'on s'arrête, qu'on baraque, qu'on descende, qu'on refasse le paquetage, le harnachement... je n'aime pas trop déranger les gens une fois qu'on est en marche. A la fin, quand même, j'ai profité d'un arrêt pour demander qu'on repousse ma selle de l'arrière vers l'avant, ce qui fut fait, et peu de temps après nous avons décidé de nous arrêter pour camper, là où nous sommes actuellement. C'est une grande plaine, pas très loin d'un cordon vif, et par conséquent j'ai fait la dernière partie du trajet sur une selle à peu près en équilibre. Et je me suis autorisé une petite médication au camp, à savoir une embrocation avec un produit que ma fille avait mis dans ma pharmacie – richement pourvue de médicaments de toutes sortes. Je souhaite que ce Synthol fasse du bien à mes pauvres muscles de la cuisse, enfin j'ai fait ce que j'ai pu dans ce sens.

Le temps est parfaitement calme, le soleil vient de se coucher. La nuit sera calme et fort agréable, et on dormira comme savent dormir les pères de l'Eglise.

Terminé pour la journée.

Mercredi 15 décembre 1993

12° ce matin à l'aube. Toute la journée sur une plaine de sable, coupée de quelques cordons dunaires, vifs mais faciles à franchir, pas très hauts. Un certain nombre de buissons de hâdh qui ont été fort appréciés de nos animaux qui adorent cette chénopodiacée, qui leur fait beaucoup de bien. Comme ils n'ont pas beaucoup mangé – que de la paille sèche – ces derniers jours, et encore pas beaucoup, on les a un peu arrêtés autour des buissons pour qu'ils puissent se régaler, et nous campons ce soir au pied d'un cordon de dunes où il y a pas mal de buissons de hâdh. Ce sera une excellente chose pour les animaux.

Voilà. A part ça on n'a pas vu grand-chose, quelques affleurements encore, que surveille attentivement notre géologue. Notre petite troupe est maintenant stabilisée et chacun a ses fonctions. Nos deux nomades sont là pour s'occuper des chameaux, pour les charger, pour les décharger, pour s'occuper de leur nourriture. Ils font ça avec beaucoup d'efficacité, ils sont très sympathiques. Ils savent très bien mener les chameaux sur les buissons de hâdh, bien que, il faut l'avouer, la rumination du hâdh fournisse l'occasion d'inhaler les senteurs les plus pestilentielles que l'on puisse croire... Déjà la rumination du gergir qui est une crucifère ne sentait pas trop bon, mais celle du hâdh... dépasse toutes les limites. Dans cette direction-là, c'est vraiment un succès total.

Ensuite il y a notre géologue, frère Jean, qui fait la route à pied. D'ailleurs, sur cinq personnes, quatre font la route à pied, il n'y a que moi qui monte à chameau, pour des raisons diverses. Frère Jean est infatigable, il marche du matin au soir, et s'il y a un sédiment visible, un affleurement, il y court, en plus de la route normale, avec son marteau au poing. Il voit tout, il note tout, je crois que les résultats géologiques de cette expédition ne seront pas sans intérêt. Et notre ami frère Jean a une autre spécialité, c'est de s'asseoir dans son camp et de "bagager". Bagager, c'est un terme nouveau que mes enfants avaient inventé parce qu'ils jouaient "aux bagages", ils jouaient à faire et à défaire des paquets. Notre ami frère Jean s'assied au milieu de ses nombreux bagages, il ouvre les uns, il en retire quelque chose, il referme, il en ouvre un autre, il retire quelque chose, il referme, etc. C'est toujours des choses utiles, dont il a besoin pour son travail, parce qu'il s'occupe non seulement de la géologie mais du pilotage. Pilote de l'expédition, c'est lui qui fait les points astronomiques le soir, et quelquefois même dans la journée avec le *global positioning system* que lui a prêté notre ami Lamarche, et qui fonctionne admirablement. C'est lui qui reporte les points sur la carte, qui mesure les distances, qui vérifie le cap en cours de route, avec beaucoup de soin, parce qu'il y a des détours à faire, etc. Mais il nous mène de façon très précise...

Notre deuxième collègue, si je puis dire, est M. Luc Marescot, chargé de la photographie et des prises de vue. Il marche à pied infatigablement. Il est constamment en action, en déplacement, en avant, sur les côtés de la caravane, et s'il y a une dune il veut toujours aller au sommet pour voir la vue de là-haut et prendre des photos du sommet de la dune. Je suis certain que les images qu'il accumule lui permettront de réaliser un document de grand intérêt, parce qu'il prend des foules de détails, détails techniques sur la marche de la caravane, sur le harnachement des animaux, etc., tout ce qu'on fait pendant la marche et au repos dans les camps. Tout ça est extrêmement intéressant et fournira certainement plusieurs documents, probablement à différents niveaux, de durée différente les uns des autres. Nous verrons ça plus tard. Mais pour l'instant, il accumule. Il accumule aussi des interviews, il me consulte, il me fait parler de choses qui ont eu lieu dans le passé, mes souvenirs, etc. Je ne sais pas trop dans quelle mesure ce genre de document pourra nourrir un film descriptif, mais enfin peut-être qu'il en prendra des morceaux aux endroits qu'il jugera utiles. En tout cas, il travaille énormément et j'espère que le résultat sera conforme à celui qu'il mérite d'obtenir. Parce qu'on ne sait jamais dans ces contrées sablonneuses... un seul grain de sable pourrait commettre des dégâts dans une machinerie aussi délicate que celle qu'il sait utiliser. D'ailleurs il n'a pas peur de porter longtemps cette caméra sur l'épaule – elle est lourde –, ou de se la hisser sur le dos dans une espèce de grand appareil où elle est à l'abri du vent, et du sable. Et il transporte quelquefois cette lourde charge pendant des kilomètres et des kilomètres pour pouvoir l'utiliser le moment venu... C'est un exemple de conscience professionnelle tout à fait remarquable sur laquelle il est important d'insister.

Moi, je suis la cinquième roue de ce modeste carrosse, naturellement, parce que d'abord je suis très vieux, je n'ai plus du tout la vigueur physique nécessaire pour faire l'étape à pied par exemple, je la fais en chameau. Aujourd'hui, j'ai moins souffert qu'hier sur ma selle, parce qu'elle est restée parfaitement horizontale et mes pauvres cuisses n'ont pas eu trop à souffrir du contact du pommeau de la selle, pommeau qui, pour des raisons machiavéliques, est presque tranchant sur les bords verticaux.

Aujourd'hui, ça s'est bien passé, et à l'arrivée je n'étais pas trop fatigué. Espérons pour demain.

Le ciel s'est complètement nettoyé. Depuis quelques jours, il était un peu voilé, plombé, etc. Il est de nouveau complètement propre, et ce soir, au-dessus du couchant rougeoyant, nous voyons apparaître, en croissant, la nouvelle lune qui va nous accompagner pendant un mois. Voilà pour aujourd'hui.

Jeudi 16 décembre 1993

4° ce matin au réveil. Nous cherchons l'*'oglat* d'El-Mrâyer et ne le trouvons pas. Peut-être est-il mal placé sur la carte ? En tous les cas, aucune trace. Des dunes sur de grandes plaines de sable, un peu de hâdh pour les animaux, quelques affleurements pour notre géologue... et cet après-midi nous avons fait le compte de nos provisions d'eau. Nous avons examiné la question de savoir comment nous allions poursuivre cette joyeuse promenade dans la région la plus riante de la Majâbat, et nous avons décidé que, au lieu d'aller au puits d'El-Gçeyb Ounân, nous reviendrions par le puits de Bou Jertala en suivant une longue région rocheuse où notre géologue trouvera certainement beaucoup de coups de marteau à donner.

Ce matin, nous avons vu deux traces de gerboise *(Jaculus)*, c'est curieux parce qu'il n'y a pas de buissons, de végétation, outre le hâdh. Est-ce que le hâdh peut fournir une nourriture aux gerboises ? Je n'en sais rien.

Cet après-midi, frère Jean a vu un vol d'assez gros oiseaux, sans pouvoir les identifier, mais ce n'étaient probablement pas des cigognes. (Les cigognes, comme d'autres oiseaux, traversent le Sahara pour rejoindre l'Afrique tropicale.)

A part ça, il n'y a pas de chose bien nouvelle dans notre vie quotidienne. Demain nous allons voir un affleurement rocheux que M. Fabre a repéré sur les cartes, ce qui peut-être nous donnera enfin le plaisir de toucher un morceau authentique du continental intercalaire, c'est-à-dire un morceau de grès de quartzite, ou de conglomérat Khnâchîch, qui serait vraiment la roche dont nous recherchons la présence dans la région. Présence que nous soupçonnons déjà. Et puis il y a les anciennes observations que j'avais faites autrefois dans cette région aussi, mais nous voudrions bien tomber sur un bel affleurement qui nous donnerait toute sécurité quant à l'identification de cette roche qui semble développée dans l'Est et qui vient mourir dans l'Ouest.

Vendredi 17 décembre 1993

Ce matin, 7° à l'aube. Nous passons la journée dans la région d'El-Mrâyer que nous n'avons pas trouvé d'ailleurs. Il est donc vraisemblable, et même certain, que le point est mal situé sur la carte. D'ailleurs ce n'est pas donné comme un point astronomique proprement dit. Mais nous voyons des choses, des affleurements de roches qui intéressent notre géologue bien entendu, et nous coucherons ce soir dans un grand peuplement de hâdh, bien vert, et ce hâdh permettra à nos chameaux de s'offrir un repas substantiel, ce qui n'est pas mauvais pour eux.

On remarque des traces de rongeurs à côté des touffes de hâdh, ce qui prouve, car il n'y a aucune autre végétation vivante, que ces rongeurs sont capables de vivre aux dépens du seul hâdh, à la fois pour leur nourriture et peut-être aussi pour leur hydratation.

J'ai oublié hier de signaler un incident : au passage d'une dune escarpée, j'ai été tellement secoué par le véhicule que j'ai décollé de la selle et j'avais même entamé un saut périlleux arrière – qui est une très jolie figure à réaliser. J'ai fini quand même par retomber sur ma *rahallah* et sur ma peau de mouton. Cela aurait bien amusé, peut-être, les spectateurs de me voir voltiger, mais le contact avec le sol risquait peut-être aussi de froisser un peu les côtes ou le bassin du fragile vieillard que je suis devenu. Alors tant pis pour le saut périlleux arrière, on tâchera de faire mieux la prochaine fois.

Dans l'après-midi, au camp, j'avais demandé la réunion du petit groupe de nos trois voyageurs pour prendre quelques décisions, puisque maintenant que nous avons raté El-Mrâyer, il faut savoir ce que nous allons faire, aller jusqu'au Gçeyb Ounân, à deux cent cinquante kilomètres d'ici, sans savoir dans quel état est le puits, etc., il fallait d'abord faire le compte des consommations d'eau, savoir combien de jours d'eau il nous restait, à partir d'hier soir minuit, et il semble que nous pouvons compter sur vingt jours de route encore. Alors que faire de ces vingt jours de route ? Et finalement, nous avons décidé d'un commun accord que nous allions rentrer par une route différente de l'aller, marcher obliquement vers le nord-ouest et tacher de rejoindre la région rocheuse où se trouve le puits de Bou Jertala où il est possible que là nous trouvions encore des témoins de la formation que nous recherchons.

Samedi 18 décembre 1993

5° à l'aube. Aujourd'hui, nous marchons dans notre nouvelle direction. Pour une fois, nous n'avons pas le vent dans le nez, ce qui n'est pas en soi désagréable, mais le pays est vraiment très aride, il n'y a pas grand-chose comme végétation.

Nous avons la chance, quand même, de tomber sur un affleurement qui donne beaucoup de satisfaction à frère Jean. C'est, pour une fois, un véritable témoin des grès du Khnâchîch que nous recherchons dans la région. Il n'est pas douteux qu'il s'agit d'un affleurement qui appartient au continental intercalaire. C'est une quartzite extraordinairement dure, quelquefois jaunâtre, quelquefois un peu brun violacé, et contenant des parties conglomératiques que j'ai remarquées autrefois entre Arâwan et El-Mrâyer. Des parties dans lesquelles le conglomérat et la matrice sont de même dureté ; ce qui fait que, quand on casse cette roche, tout casse d'un seul tenant, à la fois les petits galets qui sont dedans et la matrice qui les entoure. Et j'avais noté autrefois que des pièces acheuléennes d'ailleurs très évoluées, de la région, étaient faites de ce conglomérat, ce qui prouve qu'on peut le tailler comme s'il s'agissait d'une roche homogène, alors que ce n'est pas du tout le cas, puisqu'il y a deux éléments juxtaposés.

La découverte de cet affleurement de ce matin est, je crois, un point important pour notre voyage, pour sa localisation d'abord, et puis par l'espoir qu'il nous donne de retrouver d'autres affleurements du même genre, plus loin vers l'ouest, ce qui finira par nous donner un certain nombre d'éléments pour résoudre le problème que nous posions avant le départ, à savoir jusqu'où s'avance vers l'ouest les traces, les vestiges, ou les affleurements du continental intercalaire, c'est-à-dire des grès du Khnâchîch.

Présence aussi de formations lacustres, de ce que j'ai appelé souvent le calco-gréseux hamadien, qui est une sorte de pâte calcaire formée dans l'eau, et contenant beaucoup de grains de sable éoliens. Il y avait donc un lac dans lequel soufflait du vent de sable. On n'a pas vu d'animaux aujourd'hui, mais ce n'est pas surprenant : je me demande ce qui pourrait vivre ici…

Ce soir, le seul pâturage que nous ayons trouvé est un très maigre pâturage de sbot sec, c'est-à-dire pas grand-chose… et puis après ces plusieurs jours de hâdh, cette journée de pâturage sec sera supportable pour nos animaux.

Dans le Quaternaire, frère Jean a trouvé quelques débris intéressants, une mâchoire de vertébré de petite taille et quelques éléments de squelette de poisson qu'on pourra faire identifier plus tard à Paris.

Voilà pour la fin de cette belle journée du samedi 18 décembre 1993.

Dimanche 19 décembre 1993, quatrième dimanche de l'Avent.

Il y avait à l'aube relativement peu de vent. Cette fois dans la matinée j'ai eu un peu froid au sommet de mon dromadaire, le vent avait forci, et nous avons vu aujourd'hui un assez grand nombre de cordons dunaires, quelquefois un peu difficiles à franchir, avec des pentes un peu abruptes. Tout s'est bien passé cependant.

Le pays est totalement desséché, il n'a probablement pas plu depuis un grand nombre d'années dans cette région-ci. Nous avons campé dans l'après-midi à proximité de quelques touffes de sbot parfaitement sec. Ce n'est pas fameux bien sûr pour nos animaux mais ça leur permet de survivre et peut-être trouverons-nous mieux demain.

Il y a peu d'affleurements rocheux importants aujourd'hui, sauf quelques affleurements lacustres quaternaires, sans grand intérêt d'ailleurs.

Voilà, on n'a rien vu, pas de traces... La nuit dernière il y avait un fennec autour du camp, il a fait le tour du camp, pauvre diable, il venait voir s'il y avait quelque chose à manger... Il n'a certainement rien trouvé hélas. On se demande d'ailleurs comment un fennec peut subsister dans une pareille désolation où il n'y a ni lézard, ni rongeurs, ni même de fourmis. Les fennecs dans l'Adrâr, quand il n'y a rien d'autre, mangent des fourmis... Ramassez des excréments de fennecs et vous verrez le très grand nombre de débris de fourmis qu'il y a dans le tube digestif de ce petit renard des sables.

La nuit est laineuse, un calme parfait, une nuit magnifique, la lune commence déjà à éclairer.

Voilà, terminé pour aujourd'hui.

Lundi 20 décembre 1993

Ce matin, 11-12°. Toute la journée dans la solitude habituelle, grande plaine de sable avec des cordons dunaires qu'il faut franchir les uns après les autres. Pays presque entièrement sec, avec quand même par endroits, de-ci de-là, une touffe de hâdh ou quelques peuplements de sbot, lui-même desséché.

On a trouvé aujourd'hui les vestiges d'un squelette d'addax ainsi qu'un scinque *(Scincus opucinaris)* le poisson de sable, et on se demande ce que ce lézard peut bien trouver à manger dans une pareille solitude.

Depuis quelques jours, ma selle est devenue relativement miséricordieuse à l'égard de mes pauvres cuisses et de mon innocent postérieur, elle est à peu

près horizontale, elle ne penche ni à gauche ni à droite et elle ne recule pas au cours de l'étape, ce qui oblige à des acrobaties à la fois difficiles et pénibles pour le méhariste.

Je suis quand même assez fatigué en fin de journée parce que de très longues heures à chameau, signifient un effort musculaire. Il faut se tenir, sous une certaine forme, sur cet édifice branlant et en perpétuel mouvement. Mais enfin on y arrive, et nous avons vu quelques cailloux aujourd'hui, nous en verrons probablement davantage demain, pour la plus grande joie de notre ami Jean Fabre.

Que dire d'autre pour aujourd'hui ? Pas grand-chose. Nous avançons lentement, à petites étapes. Nous ne parcourons pas beaucoup de kilomètres dans la journée, enfin c'est notre rythme, et même à ce rythme-là, nous finirons par arriver à bon port.

D'une façon générale, je constate que "je tiens le coup" si l'on peut dire. Je n'en étais pas absolument certain au début, mais évidemment je ne suis pas un membre très actif de l'expédition. Je marche un peu le matin, au départ et, assez vite, je monte à chameau et je reste sur l'animal jusqu'au moment où nous décidons de camper dans le courant de l'après-midi.

D'autre part, je vois mal : je ne vois que ce qui est devant moi, tout le reste est flou, et je ne peux pas participer de façon très active à ce qui se passe autour de moi. Enfin, c'est quand même pour moi une expédition d'un grand intérêt, puisque j'en ai eu l'idée, et je constate que ces grès du Khnâchîch que j'avais autrefois découverts entre Arawân et El-Mrayer se poursuivent encore vers l'ouest par petits affleurements isolés.

Mardi 21 décembre 1993

10° ce matin à l'aube. Journée modérément venteuse. Nous avons passé un certain nombre de cordons, peu de cailloux intéressants, de grandes plaines nues et sèches avec, de loin en loin, un tout petit buisson de hâdh et pas mal de trognons de sbot desséché. Il n'a pas dû pleuvoir depuis bien longtemps dans cette région.

J'ai l'impression que j'arriverai à terminer honorablement cette joyeuse promenade qui avait un peu effrayé mes compagnons, bien sûr. Se faire accompagner par un vieillard fragile comportait certains risques : il pouvait tomber en faiblesse, être intransportable, il pouvait même décéder au coin d'une dune, et procurer à ses amis de graves ennuis administratifs et autres. Pour l'instant, les choses se passent honorablement, non pas que je puisse prendre part très efficacement à quoi que ce soit, mais je continue. Je suis transporté en tous les cas, peut-être un peu comme un colis, comme un tonnelet ou un sac de riz, mais enfin je pars le matin et j'arrive le soir à l'étape, c'est déjà beaucoup. Ceci dit, j'ai peut-être été un peu imprudent en me lançant dans cette aventure et je crois qu'il faudrait interdire sévèrement, *streng verboten* – comme eût dit la kommandantur – à des vieillards de plus de quatre-vingt-dix ans, d'aller se promener dans un désert aussi sec et aussi difficile, avec des hommes plus jeunes qui, eux, n'ont pas les mêmes contraintes physiques. Ils sont d'ailleurs extraordinaires mais, sur cinq, je suis le seul à faire l'étape à chameau, les quatre autres la font à pied, sans se plaindre, et sans difficulté particulière semble-t-il ; c'est très remarquable. J'en serais totalement incapable. Mais il ne faut pas imaginer que le fait de monter à chameau soit s'assurer un transport facile et agréable. Ceux qui pensent cela sont les touristes qui vont aux pyramides où ils montent à califourchon sur un bât caparaçonné de velours rouge. En réalité la vie du méhariste au sommet de son animal est beaucoup plus laborieuse et pénible qu'on ne le pense. Vous êtes là, suspendu, accroché en fait à un pommeau de selle dont les bords sont plus ou moins tranchants, vous n'avez aucune possibilité de varier la position de vos jambes en cours de route, vous pouvez tantôt croiser les jambes à gauche, tantôt à droite, tantôt dans l'axe de l'animal, mais ça ne fait pas grande différence, ça ne soulage pas les difficultés musculaires de la cuisse par exemple. Alors, on attend, on supporte. C'est très pénible, et à l'arrivée à l'étape, j'ai mal aux cuisses, aine comprise, j'ai mal au bassin, coccyx compris, j'ai même mal au dos et à l'épaule. Alors qu'on ne s'étonne pas si au terme d'une aussi laborieuse journée, mon premier souci en arrivant à l'étape c'est de me laisser tomber sur le sable, de m'allonger et de prendre quelque repos. Ce n'est pas très honorable, bien sûr, il faudrait pouvoir faire mieux, mais que voulez-vous ? Les exigences physiques sont ce qu'elles sont, et nous n'y pouvons rien.

Voilà déjà une réflexion, intéressante peut-être…

On n'a pas vu beaucoup de cailloux aujourd'hui. Notre géologue est un peu déçu, il attendait davantage. Peut-être que demain on trouvera autre chose, espérons-le, et souhaitons que la journée soit plus fertile en découvertes. Il faudra faire la route, naturellement, qu'on le veuille ou non, de son mieux. Pour moi ce sera d'abord une petite marche à pied, mais je me fatigue rapidement de la marche dans le sable, alors je monte à chameau, et une fois à chameau je reste sur l'animal jusqu'à l'arrivée à l'étape, au bivouac, des heures et des heures plus tard, dans le courant de l'après-midi. On tâchera de s'en tirer le mieux qu'on pourra.

Mercredi 22 décembre 1993

13° ce matin à 6 h 30. Ciel tout à fait couvert, il s'est dégagé dans la journée et maintenant le ciel est pur, il y a un clair de lune. Nous avons marché encore, comme d'habitude, sur de grandes plaines, hyper-arides, avec très peu de végétation. On a baraqué de très bonne heure, probablement à cause de la présence de quelques graminées encore comestibles sous forme de paille, qu'ils ont voulu donner à manger à leurs animaux. On s'est arrêté de très bonne heure dans l'après-midi, ce n'était pas désagréable d'ailleurs. On a commencé à voir des cailloux aussi, des cailloux solides, qui dépendent probablement des grès de Chinguetti, de la géologie de l'Adrâr, déjà, dont nous approchons peu à peu.

Aujourd'hui on a capturé une *Eremiaphila* ou tout du moins une érémiaphile, une de ces petites mantes aptères, c'est-à-dire sans ailes, qu'on voit courir sur le sable et qu'on ne remarque que quand elle bougent parce que dès qu'elles s'arrêtent, elles sont tellement homochromes, tellement de la couleur du sable qu'on ne les voit plus. On se demande d'ailleurs ce qu'elles mangent parce qu'elles sont carnivores et je pense qu'elles vivent en partie de ce que j'ai appelé le "drift éolien", c'est-à-dire les matières organiques poussées par le vent dans les parties les plus arides et qui peuvent alors servir de nourriture aux petits insectes carnivores.

Il y a encore un type de vieillard auquel il faudrait interdire sévèrement l'entrée dans la Majâbat al-Koubrâ, c'est non seulement le vieillard fragile à cause de son âge, mais c'est aussi le vieillard mal voyant, parce que le vieillard à moitié aveugle n'est plus bon à rien, il ne voit plus l'horizon, il ne voit qu'autour de ses pieds, il ne comprend pas très bien ce qui se passe autour de lui, surtout que, une fois monté au sommet du chameau, il est un peu coupé du reste de la caravane. Il domine du haut de sa hauteur... Et j'ai eu quelque difficulté aujourd'hui avec les selles de chameau : deux fois de suite, j'ai eu une selle qui penchait tellement en avant que c'en était douloureux. J'ai fini par demander qu'on s'arrête et qu'on revoie la question. Alors on m'a changé de chameau, après tout ce n'est peut-être pas si mal, d'autant plus qu'à partir de ce moment-là, j'étais à peu près horizontal, en équilibre, et par conséquent en état de parcourir une étape normale. Et puis l'étape normale, comme je l'ai dit plus haut, s'est arrêtée très tôt, et on n'a pas énormément marché aujourd'hui. Mais enfin on avance à petits pas quand même vers les grès de Bou Jertala. Il y a probablement une sorte de plateau gréseux devant nous que nous atteindrons bientôt, et où la géologie nous procurera certainement des constatations et peut-être des surprises intéressantes.

Voilà, je m'arrête ici.

Jeudi 23 décembre 1993

Ce matin à l'aube, 8,5°. Ciel parfaitement pur toute la journée, très peu de vent, et par conséquent la chaleur l'après-midi commence à se faire sentir.

Nous passons des zones nues, nous en avons l'habitude, quelques autres avec du sbot en assez bon état, pas vraiment vert, mort, mais pas réduit à l'état de trognons comme si souvent. Et puis nous arrivons dans une zone où il y a toujours des affleurements de grès blanc et là apparaissent des petits peuplements d'ascaf, *Nucularia perrini,* c'est une chénopodiacée qui pousse uniquement dans les cailloux ou dans les gros regs de dissociation, ce n'est pas du tout une plante de sable. Ici on la voit apparaître avec les grès, et on se demande ce que les grès peuvent apporter à cette espèce que le sable ne pourrait pas lui apporter au point de vue des éléments chimiques ou biologiques présents dans le sol. Mais on peut se demander aussi s'il n'y a pas une question simplement physique dans cette affaire, au cas par exemple où les racines d'une *Nucularia perrini* aurait besoin de s'insérer dans des fissures des roches, et des roches souterraines ; ce n'est pas impossible. En tous les cas, c'est surprenant de voir cette plante se développer ici, à la limite de la Majâbat, et je crois qu'on peut quand même compter cette plante comme une espèce supplémentaire appartenant à la flore de la Majâbat, au moins à titre tout à fait marginal.

Dans l'après-midi, nous baraquons dans un peuplement d'ascaf, et on voit de là des cabanes sur l'horizon, et mes quatre compagnons – moi je reste au camp – vont voir ce que c'est : c'est un point d'eau ; probablement le puits de Bou Jertala que nous avons cherché déjà en vain l'autre jour et qui ne se trouve pas à la place indiquée sur la carte. Il y a plusieurs bouches de puits. Quelques cases, sommaires, provisoires, ont servi de campement. L'eau malheureusement n'est guère potable, mais pour les chameaux elle l'est heureusement et ceux-ci boivent tout ce qu'ils peuvent boire, ça leur fait du bien après une longue période de sécheresse.

D'ici, nous allons repartir vers l'ouest à travers la région de Bou Jertala, et puis passer par le ravin de

Sani et arriver à El Ghallâwîya par en bas au lieu d'arriver par en haut.

Voilà pour aujourd'hui.

Vendredi 24 décembre 1993

11° à l'aube. Journée claire, sans soleil, chaleur l'après-midi. Le matin, nous nous rendons au puits de Bou Jertala où nous trouvons trois bouches de puits, proches l'une de l'autre, alignées. Ce sont des puits de pas tout à fait vingt mètres de profondeur, mais notre grande surprise a été de découvrir que l'eau était tiède. Déjà en se penchant sur la bouche du puits, on sent une haleine tiède, presque chaude. L'eau a une température de 28 à 29°, ce qui est tout à fait exceptionnel et surprenant.

Que se passe-t-il sous terre ? Nous n'en savons rien pour l'instant. Peut-être ces puits sont-ils alignés sur une fracture du substratum. L'eau est imbuvable, elle est salée, fortement ferrugineuse, peut-être sulfureuse. Nous en prenons un petit échantillon. Nous n'avons pas de bouteille bien grande mais nous tâcherons d'en conserver un petit échantillon pour une analyse chimique. Cet endroit de Bou Jertala est curieux parce qu'il a été habité par des campeurs nomades, peut-être aussi par les soldats du Polisario, il y a beaucoup de fûts, dont certains sont vides, dont certains me paraissent encore pleins, rangés avec soin dans des paillotes, plus ou moins en ruine. Des objets curieux aux alentours, par exemple une théière émaillée bleu foncé, par terre. Et, près d'une paillote, une meule romaine, tout à fait remarquable. C'est une meule en roche fine, grise, dont l'axe de la partie supérieure rotative – c'est-à-dire l'entrée du grain, qui sert également de pivot à la meule supérieure – est prolongée par une sorte de collerette évasée, relativement fine. Je n'ai jamais vu une meule pareille, c'est curieux de la trouver à cet endroit. Il y a aussi un autre objet, singulier, c'est une sorte d'étui en métal de plus de cinquante centimètres de long, fermé à la partie supérieure par une sorte de couvercle qui se rabat… A quoi peut bien servir un outil comme celui-là ? On pense tout de suite à quelque chose qui servirait à conserver des documents en rouleaux, des documents sur papier, des cartes par exemple, mais qui aurait dans cette région-là pu conserver et transporter des cartes dans un étui en métal ? Nous trouvons également deux fers à marquer les chameaux…

Voilà un endroit très singulier, en plaine d'ailleurs, ce n'est pas dans les cailloux. Ce n'est pas un endroit où on aurait pu songer à forer des puits spontanément, mais enfin ils sont là, ils donnent de l'eau. Nous avons essayé de pêcher de l'eau avec une bouilloire et celle-ci est restée au fond du puits n° 2. Heureusement notre ami Fabre avait une deuxième bouilloire dans sa provision d'appareils divers et il nous reste une bouilloire pour terminer le voyage. Celle qui sera restée dans le puits n° 2 de Bou Jertala avait été achetée toute neuve à Chinguetti, sur mon conseil, eh bien la voilà enterrée, quelque part à la limite de la Majâbat et de ce qu'on peut peut-être appeler une prolongation de l'Adrâr vers le nord-est : des grès, des grès horizontaux, plus ou moins diaclasés, que nous allons revoir demain plus en détail.

A part cela, rien de bien particulier. Ah, si ! Nous avons vu avec Jean Fabre un dépôt qui nous a beaucoup intéressés, qui ressemble à un dépôt de source. Une sorte de pyramide verticale, qui a probablement été déposée par un ancien trajet de source venant du fond et montant verticalement vers la surface. Peut-être l'analyse de cette roche donnera-t-elle quelques indications : est-elle siliceuse, est-elle calcaire ? Elle est en partie calcaire semble-t-il, mais elle est peut-être aussi en partie siliceuse. Est-ce que cette venue de source serait en relation avec la chaleur de l'eau des puits de Bou Jertala ? On ne le sait pas pour l'instant.

Les chameaux ont mangé un peu d'ascaf.

Aujourd'hui a été une journée de repos parce que, cet après-midi, au lieu de bouger, de tout préparer pour le départ, de partir et de ne faire que quelques heures de route, nous avons jugé meilleur de rester ici, de passer une deuxième nuit ici, et demain nous reprendrons notre cadence normale.

Il me reste à dire que ce soir c'était le 24 décembre, et par conséquent une sorte de réveillon pour nous. Et nous en avons profité pour apporter quelques améliorations à notre menu ordinaire. Nous avons eu droit à une soupe, dite "soupe des pêcheurs", et après le riz, nous avons eu droit à du café, pour la première fois depuis notre départ, fort apprécié. Et puis Luc Marescot nous a apporté deux paquets qui lui avaient été remis par ma fille Béatrice, pour nous être remis ce soir. C'était une sorte de cadeau-souvenir, de la part de ceux qui pensent à nous ce soir, très loin, vers le nord de l'endroit où nous sommes campés. Il y avait là-dedans des bougies, qu'on n'a pas pu allumer en plein vent, on les allumera autrement dans quelques jours probablement. Il y avait aussi ces bâtonnets étincelles qui font des sortes de feux d'artifices en miniature, il y avait des images à notre nom, deux cakes, l'un et l'autre excellents, dont l'un a été dévoré ce soir. Et il y avait aussi une boîte de fruits au sirop, provenant du magasin Pottin, de la rue Saint-Louis-en-l'Isle à Paris, et qui depuis ce magasin m'avait suivi jusqu'à ce puits perdu de Bou Jertala.

M. Marescot avait allumé son projecteur, il avait également avec Jean Fabre décoré un des bidons d'eau, sur lequel il avait dessiné un sapin de Noël. Nous avons donc eu notre sapin de Noël, tout au moins en effigie, et j'ai demandé à Jean Fabre de me faire la lecture de l'évangile de Noël dans la traduction de saint Luc donnée par André Malle.

Nous avons donc eu également le message de Noël, que nous avions eu d'ailleurs dans une autre circonstance comparable quand mon fils Ambroise nous avait fait la même lecture dans la région de Mhairet dans l'Adrâr de Mauritanie, alors que nous nous rendions à l'endroit où Gaston Ripert avait trouvé la petite météorite qui a tant fait parler d'elle, non parce qu'elle était petite mais parce qu'il avait dit qu'à côté de la petite il y en avait une grosse, qui avait tout simplement quarante mètres de haut et cent mètres de large. Mais ceci est une autre histoire qui maintenant semble avoir trouvé sa solution, qui n'est pas celle que nous eussions souhaitée bien sûr. Mais enfin…

Mardi 28 décembre 1993

9° à l'aube. Le vent a tourné, il vient du nord maintenant, c'est le vent qu'on appelle saheliyé parce que le mot Sahel ici désigne le nord. Température un peu froide toute la journée. Nous sommes maintenant campés dans une plaine parfaitement plate sur des dépôts d'eau douce avec des fragments de roseaux subfossiles, et de la farine de diatomées, ces petites algues microscopiques d'eau douce.

Aujourd'hui nous sommes sortis du grand pâturage de sbot, de *Stipagrostis pungens*, où il n'y a plus grand-chose, et puis nous sommes entrés dans un pâturage important d'ascaf, de *Nucularia perrini*, où les chameaux en ont bien profité. Un de nos Bédouins chameliers avait un fusil, j'espérais qu'il n'avait pas de munitions, mais non : ce matin, il a cru bon de massacrer un pauvre lièvre. C'est comme ça ici, tout ce qui bouge est condamné à mort.

Dans une semaine à peu près, nous arriverons au terme de ce voyage, et je constate que je tiens à peu près normalement jusqu'ici, et ce sera probablement jusqu'à la fin, de façon relativement honorable.

Evidemment je passe une partie du temps au repos dans le camp, je ne cours pas beaucoup autour, une fois descendu du chameau. Mais quand je serai à la dernière étape, après celle-ci, je descendrai de chameau, ce sera également la fin du voyage, cet étonnant voyage que nous venons de réaliser, mais ce sera pour moi beaucoup plus parce que ce sera en même temps la fin d'une période qui a commencé en décembre 1923, et qui se termine à Wâdân en janvier 1994. Longue période pendant laquelle j'ai fait pas mal de choses, à chameau et autrement aussi... Voilà, on sent que je ferme une parenthèse, parenthèse qui a été longue, remplie de beaucoup de choses, très diverses et qui maintenant se termine. Les conditions physiques dans lesquelles je suis dorénavant m'interdiront à l'avenir les voyages de ce genre. Je pourrai voyager d'autre façon, mais à chameau il est évident que ce ne sera plus possible. Je suis bien heureux d'avoir pu une dernière fois participer à ce genre de transport.

Alors je vais rapporter en France, à Paris, mon harnachement méhariste, ma selle, avec tous ses accessoires : la sangle, le contre-sanglon, la corde à queue, le *lébédé*, qui se place sous la selle, et également l'*iliouich*, la belle peau de mouton blanche, que l'on place sur la selle et sur laquelle on s'assied pour naviguer au sommet des dromadaires. Cette selle ne servira plus, peut-être sera-t-elle conservée par mes descendants qui diront "mon arrière-grand-père utilisait cette selle pour voyager à chameau dans le Sahara au XXe siècle", ce sera un lointain souvenir de ce que j'ai tenté de faire durant une longue vie consacrée à la recherche et à la curiosité qui continue à m'occuper. Je reste toujours friand de découvrir, de constater des choses, et de tâcher de les expliquer. Voilà.

Mercredi 29 décembre 1993

3° à l'aube. Vent violent vers le milieu de la journée, pâturage par endroits, d'ascaf par exemple, grandes étendues sablonneuses sans grand-chose qu'un peu de sardoûn, et puis on arrive à une barre rocheuse intitulée guelb, sur la carte, ce n'est pas du tout un guelb, c'est un plateau allongé, que nous franchissons et d'où on a un énorme panorama sur le plateau rocheux des grès de Chinguetti que nous allons traverser péniblement avant de camper dans les cailloux. Notre ami Jean Fabre, qui vient de faire vingt kilomètres à pied comme d'habitude, absorbe deux verres de thé et repart, à pied, pour explorer une grande cuvette lacustre qu'il avait notée sur la photo satellite. Il passe plusieurs heures dans l'après-midi à prospecter et à casser des cailloux avant de revenir au camp à la fin de l'après-midi. Bel exemple de conscience professionnelle.

Quelques plantes, quelques arbres même, qu'on a vus de loin. Fabre a noté des acacias, ce qui n'est pas du tout invraisemblable, ce sont certainement des *Acacias tortilis*, sous-espèce *radiana*, nous en verrons probablement de nouveau demain, peut-être davantage même.

Alors nous voilà dans ce triste cailloutis, d'un noir un peu violacé, qui s'étend dans toutes les directions, comme d'habitude.

Ce matin, nous avons eu une visite aérienne. Un petit avion de l'armée mauritanienne nous a survolés, d'abord à une hauteur normale, et ensuite a fait un crochet et est revenu nous revoir, mais cette fois-ci pratiquement un rase-mottes, ce qui est extrêmement imprudent pour ce qui concerne les chameaux. Ç'aurait pu déclencher une série de galopades et de chutes de bagages extraordinairement pénibles et laborieuses à réparer. Enfin, ils ont disparu à l'horizon. Bon voyage ! Je ne sais pas qui c'était, ils avaient dû nous voir par hasard et puis se dire "tiens, il y a des gens par là, on va aller voir à quoi ça ressemble". Et ce soir ils sont probablement au bar ou dans un café de Nouakchott en train de raconter leur découverte de ce matin, la petite caravane qu'ils ont vue d'avion en train de poursuivre sa route impitoyablement vers l'ouest, avec l'espoir d'être demain soir tout près d'un endroit qui s'appelle Sani. Je l'ai visité autrefois et j'en suis parti une fois pour Arawân, ce qui n'est pas comme on dit vulgairement "la porte à côté". Ceux qui connaissent la carte comprendront.

Le vent est tombé, les nuits sont calmes comme d'habitude, la lune est levée, elle est à peu près pleine, je crois, à quelque chose près, dans un sens ou dans l'autre, et demain nous reprendrons la route avec l'espoir d'arriver à la tête de l'oued qui descend vers la plaine et de là nous allons, rapidement je pense, retrouver le puits d'El Ghallâwîya qui sera le point terminus de notre navigation sans eau.

Voilà pour aujourd'hui.

Jeudi 30 décembre 1993

10° à l'aube. Nous marchons d'abord sur une hamada de grès noir violacé, semée de blocs un peu difficiles à parcourir quand on est mal voyant. Et puis ensuite des espaces sablonneux, richement plantés de sbot vert, de grandes touffes de sbot, magnifiques, et de morkeba, *Panicum turgidum.* Il est curieux de voir réunies une plante typiquement sabulicole et une plante qui n'est pas du tout spécialement caractéristique des sables. Cela tient au fait qu'il y a suffisamment de sable pour accueillir le sbot, le *Stipagrostis*, mais les cailloux sont tellement près sous ce voile de sable qu'on comprend que le morkeba ait pu s'installer ici. Il est très apprécié d'ailleurs des chameaux qui le broutent en marchant ou en s'arrêtant, parce que nous n'allons pas très vite. Et puis ensuite reprennent les cailloux, une hamada à perte de vue, semée de blocs de grès. Et finalement, dans le courant de l'après-midi, à 15 h 30, nous arrivons au lit de l'oued de Sani que nous cherchions. C'est cet oued qui va nous permettre de descendre dans la plaine et de regagner demain le puits d'El Ghallâwîya. Journée un peu plus forte que d'habitude, mais ça valait la peine d'arriver jusqu'ici parce que nous sommes maintenant tout près de notre point d'arrivée, cet oued de Sani m'est déjà connu parce que c'est de là que je suis parti pour la deuxième grande traversée de la Majâbat. Parti de Sani et je suis arrivé à Arawân, vingt-sept jours après. Mais c'étaient des étapes plus fortes que les nôtres, et l'organisation du raid était différente. Mais enfin j'ai déjà passé ici autrefois. Il y avait un *'oglat*, il y avait un campement… Nous avons rencontré un berger, il y a des moutons dans la région, ce qui prouve que nous arrivons dans l'Adrâr habité et que nous sommes sortis du no man's land, du Rub al-Khâli ouest-saharien, après y avoir pataugé pendant un mois à peu près.

Voilà pour aujourd'hui.

Supplément au 30 décembre 1993

J'ai oublié hier de signaler que j'ai eu froid toute la journée, à cause d'un vent violent, et d'autre part, que le soir, frère Jean a eu l'excellente idée de proposer une tournée de café, proposition qui a reçu l'approbation des trois votants, et qui a été immédiatement réalisée.

31 décembre 1993, réveillon

Ce matin avons descendu ce magnifique canyon de Sani, avec son petit *'oglat* au milieu, avec un peu d'eau au fond. D'abord un lit entièrement sablonneux entre des falaises et puis ensuite peu à peu nous passons au reg et au cailloutis de la plaine où nous débouchons pour nous diriger vers El Ghallâwîya. A El Ghallâwîya nous avons trouvé un détachement militaire, le même que nous avions rencontré il y a quelques semaines. Ce détachement nous avait cherchés dans la région où nous devions nous rendre, et où il y avait un *'oglat* que nous n'avons pas trouvé, il n'existe pas à l'endroit indiqué sur la carte, eux non plus ne l'ont pas vu, ils ont passé plusieurs jours dans la région, ils sont rentrés, et c'est eux qui avaient alerté l'aviation mauritanienne pour demander qu'on nous recherche, ce qui a été fait avant-hier matin. Et ces braves gens sont là maintenant, ils nous offrent le thé, ils nous ont accueillis avec beaucoup de gentillesse et d'amabilité au puits d'El Ghallâwîya, ce grand puits où il y a maintenant cinq bouches de puits voisines les unes des autres, très bien aménagées, avec des margelles et des bassins d'abreuvement en ciment. C'est un puits célèbre qui existe peut-être depuis un temps extrêmement reculé. Il semble d'ailleurs qu'il ait été mentionné dans la géographie d'El Bakri au Moyen Age sous un autre nom : Bir El Djemalin. C'est un puits très fréquenté, dont M. Fabre a pris les températures des différentes bouches de puits, d'ailleurs variables. Ça ne paraît pas immédiatement explicable, mais c'est une chose à noter bien sûr. A midi nous avons une ample portion, trop ample portion, de riz, offerte par nos amis les militaires, et ce soir nous allons être reçus par eux, et nous allons à notre façon fêter et célébrer ce dernier jour de l'année, qui disparaît dans le passé ce soir à minuit. Nous allons tenter de rallumer les bougies que nous n'avons pas pu allumer la veille de Noël à cause du vent, nous étions en plein air. Peut-être ce soir, à l'abri de ce qui reste de l'ancien fort d'El Ghallâwîya, parviendrons-nous à éclairer un peu cette soirée et peut-être aurons-nous aussi le plaisir d'ouvrir la boîte de macédoine de fruits que j'ai apportée de l'île Saint-Louis jusqu'à El Ghallâwîya pour cette occasion solennelle. Nous aurons peut-être droit aussi à un quart de café, ce qui ne sera pas désagréable, puisqu'il y a bien longtemps que nous n'en avons pas eu, sauf celui d'hier soir. Et puis demain, ce sera vacance, nous resterons dans la région, et après-demain nous reprendrons la route pour le dernier secteur de notre méharée qui doit nous mener jusqu'à Wâdân où je descendrai de selle pour la dernière fois de ma vie, après une longue période qui aura duré de 1923 à 1994.

1er janvier 1994

Vacances pour tout le monde, jour de repos. 13° à l'aube et vent violent toute la journée.

A la fin de l'après-midi, le soleil disparaît même dans un nuage de brume sèche, un temps frais et psychologiquement un peu désagréable. Nous avons passé la journée au poste d'El Ghallâwîya où nous recevons l'hospitalité des militaires mauritaniens qui nous mènent voir un site où affleurent quelques débris de squelettes humains, non loin du bord de la Magtîr.

Dimanche 2 janvier 1994

14° ce matin à l'aube. Nous quittons le fort en ruines d'El Ghallâwîya, en direction d'El Beyed d'abord, et de Wâdân ensuite. Un grand reg pour commencer, immense, stérile et puis nous nous rapprochons peu à peu du bord de la Magtîr, la dune, et là les oueds sont remplis de végétation. Il y a du sbot, du morkeba et de l'oum el-Jeloud. On a la surprise de voir les animaux manger également le *Pergularia tomentosa*, qui renferme un latex blanc qui n'a pas l'air de les dégoûter.

Hier, il y a eu un petit incident comique au fort. Le bruit a couru tout à coup qu'on avait découvert des "fossiles" dans le fort. Notre géologue a immédiatement dressé l'oreille naturellement, parce qu'on ne connaît pas de fossiles dans la région. Et puis l'enquête a rapidement établi qu'en fait de fossiles il s'agissait de "faux cils" ! Alors, mystère naturellement, quant à la provenance de ce petit appareil. Quelle est l'élégante qui a bien pu laisser dans le fort d'El Ghallâwîya ces petits objets destinés à servir sa coquetterie en ajoutant à son œil naturel une série de cils noirs ? Mystère.

Nous sommes campés dans un oued sablonneux. Le vent est tombé ce soir, comme d'habitude. C'est un très beau paysage, austère bien sûr, mais calme, paisible. Nous avons rencontré en route une bergère qui gardait un troupeau de chèvres. Cette jeune fille passe la journée avec ses chèvres, probablement très loin de son campement d'ailleurs, mais le soir il faut qu'elle ramène les chèvres au campement ! Peut-être à une assez grande distance de l'endroit où nous l'avons rencontrée dans l'oued, en train de garder ses animaux… C'est une vie comme une autre.

Voilà.

Lundi 3 janvier 1994

3,5° à l'aube. Toute la journée entre les dunes de la et la falaise, avec des sebkhas, avec des regs, avec des oueds, pas mal de végétation. J'ai récolté deux, trois plantes : un asphodèle, une composée à fleurs jaunes, et quelque chose qui paraît être un lotus à fleur rose. Nous avançons lentement.

M. Fabre a vu un *Œnanthe deserti*, c'est-à-dire un traquet du désert, c'est tout à fait son biotope, parce qu'il y a des petits arbres, des acacias, et des *Maerua*, de-ci, de-là. Nous avançons très lentement. Nous n'avons pas parcouru vingt kilomètres dans la

journée. Le temps a été clément. Pas trop de vent ce matin, et ce soir il n'y a pas de vent. C'est comme la plupart du temps, le vent se calme au coucher du soleil et les nuits sont calmes, tranquilles, ce qui est bien agréable.

Et demain, on reprend la route, toujours dans la même direction. Notre expédition commence à se terminer, ça sent déjà un petit peu les vacances, et je suis heureux d'avoir pu faire tout cela sans excès de difficulté, en tout cas sans gêner mes compagnons. Ils pouvaient s'inquiéter évidemment de se charger d'un vieillard affaibli à certains égards. Je crois qu'ils n'auront pas trop à s'en plaindre, parce qu'ils ont constaté que je n'avais pas atteint les limites de mes forces physiques, je n'ai pas été une gêne pour eux, mais évidemment on peut quand même dire que j'étais à certains égards assez diminué physiquement, pour la marche à pied et également pour les heures et les heures à chameau. Bien qu'on soit juché au sommet d'un animal, on se fatigue quand même beaucoup, même quand la selle est très bien placée, ce qui fut le cas ces derniers jours et ce qui est très agréable.

Alors, ce que j'ai fait, je pouvais le faire, on ne pourra pas prétendre que j'ai été d'une extrême imprudence en me lançant dans une aventure au-dessus de mes forces : ce n'était pas au-dessus de mes forces, elle approchait de la limite de mes forces, peut-être, mais elle n'était pas au-dessus de mes forces, et j'en suis bien heureux puisqu'il semble maintenant que les choses vont se terminer de façon favorable pour tout le monde. On va arriver à Wâdân et puis on va préparer le retour sur la France. Voilà pour ce soir.

Mardi 4 janvier 1994

2° ce matin au réveil. Nous continuons à avancer en direction d'El Beyed à travers des plaines qui sont quelquefois des graara, c'est-à-dire des terrains de culture éventuels après les pluies. Ces terrains se mouillent, conservent l'humidité et les gens du pays viennent faire des cultures, du mil, des pastèques et des haricots. Nous sommes campés près de la falaise, qui vient presque à toucher la dune de la Mâgtîr, dans un pâturage, pas très varié, où il y a du *Panicum turgidum*, du *Cassia italica*, ainsi qu'un certain nombre de buissons de *Pergularia tomentosa*. M. Fabre a vu aujourd'hui au camp deux espèces de traquets, du genre *Œnanthe leucopyga* et *Œnanthe deserti*, qui semblent habiter simultanément la même zone. A part ça, il ne s'est rien passé de très particulier pendant la journée. Nous avons relativement mieux marché qu'hier – ce n'est pas difficile d'ailleurs – et nous voilà campés pour la nuit, en espérant qu'on n'aura pas trop froid, mais on verra bien.
A bientôt.

Mercredi 5 janvier 1994

5° ce matin au réveil. Belle journée calme, un peu chaude, nous quittons le bord de la dune de la Mâgtîr, nous passons par-dessus un bout de plateau, et nous redescendons dans la cuvette d'El Beyed, où nous circulons assez longuement avant de trouver un point d'eau, qui n'est d'ailleurs pas le puits célèbre d'El Beyed, que j'ai connu autrefois, en 1934, quand je découvrais le grand gisement de bifaces qui a rendu célèbre la cuvette. Nous faisons boire un peu les chameaux, nous prenons un peu d'eau et nous allons camper au pied d'un plateau que nous allons escalader demain et sur lequel nous allons circuler jusqu'au bord de la dépression bordière des Richat. Je ne sais pas si nous y arriverons demain soir, mais en tout cas je désire, à cet endroit-là, plus exactement au pied de cette falaise, quand on l'aura redescendue, examiner les terrasses qui sont là, signalées par deux géographes, pour savoir si des galets aménagés ne s'y trouveraient pas inclus, ce qui aurait une certaine importance au point de vue de l'histoire de l'archéologie préhistorique de cette région. Il y a toujours beaucoup de bifaces dans la dépression d'El Beyed, et également de galets aménagés.

Ce matin au camp, deux traquets se trouvaient là, celui à queue blanche et le traquet du désert, par conséquent ils habitent ensemble dans cette région. La végétation est relativement boisée, il y a des acacias et des titarek, c'est-à-dire des *Lepta dedia*, là où nous campons, sur un sol caillouteux malheureusement. Pas de sable, mais des buissons de jujubier, avec leurs horribles épines qui s'accrochent partout, et aussi quelques touffes de *Panicum*, de *Daemia cordata* devenu *Pergularia tomentosa*. Et encore des acacias, des talha assez nombreux, tout ça dans une plaine caillouteuse qui va nous mener demain matin jusqu'au bord du plateau que nous allons escalader pour marcher en direction du nord-ouest des Richat et de Wâdân ensuite.

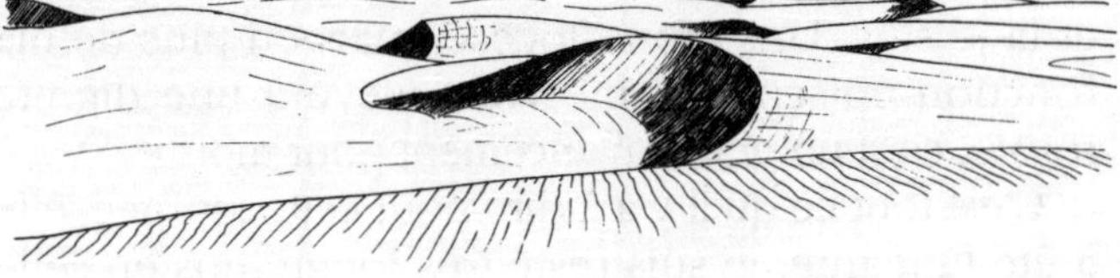

Jeudi 6 janvier 1994

5° au réveil. Nous quittons la dépression d'El Beyed et montons sur le plateau qui va nous conduire à plat et directement jusqu'à la dépression des Richat. Le plateau est d'abord à peu près complètement nu. Par-ci par-là quand même un jujubier, une rose de Jéricho, et quelques autres espèces. Et plus loin, au fur et à mesure qu'on avance, le plateau se charge de plages de sable, et même de petits oueds, dans lesquels il y a pas mal de végétation : petits acacias, et une plante, sèche mais dont les chameaux raffolent, qui s'appelle tousbaget *(Morettia canescens)*. C'est une crucifère. Et puis on arrive au bord de ce qu'on appelle le Taguinzé, c'est-à-dire le grand cercle des falaises bordières qui entourent l'accident des Richat que nous voyons bientôt à l'horizon. La descente est relativement pénible. Nous suivons une piste sinueuse, particulièrement raide et remplie de cailloux. C'est une épreuve aussi pour nos animaux, vraisemblablement, parce que la marche n'est pas pour eux facile, il faut aller très lentement. Et puis nous arrivons dans le bas, où nous campons dans un oued avec des magnifiques *Panicum turgidum*, des morkeba en parfaite croissance, parfaite santé, et pas broutés du tout. Nos chameaux vont probablement cette nuit se régaler de cette herbe qu'ils aiment beaucoup. Et ce soir nous fêtons la fête des Rois ; les Bédouins avaient fait une *kesra*, c'est-à-dire une galette cuite sous le sable, et nous y avions incorporé un petit cube de fromage de façon à indiquer le roi, et il se trouve que c'est moi qui ai eu le fromage, et par conséquent j'ai été élevé à la dignité de roi de la région. J'étais déjà évêque de l'Adrâr, puisque je considère l'Adrâr comme mon diocèse depuis longtemps, et là je suis dans mon diocèse, mais en plus de ma fonction épiscopale, me voici élevé à une dignité royale, c'est un grand avancement pour moi.

C'est tout ce qu'il y a à dire pour cette journée, elle a été fatigante, je suis resté très longtemps en selle

et à l'arrivée j'étais vraiment fatigué. Comme je l'ai dit à mes camarades : "je suis moulu", du verbe moudre ; c'est un peu ce qu'on éprouve après une longue journée chamelière. Mais enfin le sommeil va venir dans quelques minutes et demain matin nous reprendrons nos investigations et notre marche.

Vendredi 7 janvier 1994

10° ce matin au réveil.

Nous commençons la matinée par une visite à ce qui aurait pu être des terrasses au pied de la falaise bordière, près de laquelle nous étions campés, mais ce sont des surfaces structurales. Des pédiments, par conséquent appartenant aux couches inférieures de la falaise. Nous n'avons pas vu de terrasses sédimentaires, il faudra revoir le travail consacré à cette région il y a quelques années.

Ensuite nous partons quelques kilomètres en direction du sud pour voir si, au fur et à mesure que les regs couverts de galets et de grès noir disparaissent, se montrent des terrasses pouvant contenir des galets aménagés, ce qui est le but de notre recherche... Nous n'en trouverons pas et nous prenons ensuite la route de l'ouest en direction de la grande faille de la falaise bordière par laquelle nous passerons probablement demain.

Chemin faisant, nous trouvons des argiles contenant des mollusques subfossiles, soit aquatiques comme des *Melania*, soit terrestres comme des *Zootecus* et des *Jacosta* (le *Jacosta* est un escargot dont les tours de la coquille sont carénés). Et puis nous continuons, toujours dans la même direction, sur de très grands regs qui sont des pédiments appartenant à la zone de partage des eaux entre le bassin occidental des Richat et le bassin oriental, de grands regs de morceaux de grès noir en surface, avec d'innombrables galets aménagés ; il y en a de tels nombres que cela confond l'imagination ; c'est tout à fait singulier de voir cette nappe de galets aménagés à la surface du sol. Nous n'avons pas vu d'animaux aujourd'hui. Si, un lézard peut-être, c'est peu de chose ; autrefois il y avait des gazelles dans cette région. Côté flore, il y a quelques arbres par endroits, des talha, *Acacias tortilis*, des tamat, *Acacia erhenbergii*, des ignine, c'est-à-dire *Caparis decidua*, et puis des *Panicum turgidum* naturellement, du gergir par endroits, un peu partout ; *Schouwia*, excellent pâturage pour les chameaux ; quelques *Fagonia*, qui s'appelle le petit "talha" : en maure, tlaïhat, parce qu'il est couvert d'épines comme un talha, mais c'est une petite herbe. C'est à peu près tout ce que nous avons vu au point de vue botanique. Demain, nous allons probablement marcher dans des oueds, des surfaces qui ne sont plus des pédiments, mais des sédiments ; nous verrons ce qu'on va trouver. Nous ne sommes pas très loin de la paroi des Richat proprement dit, notre ami Fabre y est allé cet après-midi, car il est infatigable, et il a vu encore des choses pouvant l'intéresser pour ses travaux en cours sur la structure et l'histoire de cet extraordinaire accident circulaire des Richat que nous sommes en train de contourner par le nord-ouest. Nous sommes arrivés par le nord, nous sommes partis vers l'ouest, nous descendons peu à peu vers le sud-ouest. Et demain nous verrons la faille que nous allons atteindre et peut-être passer dès demain.

Ce matin au réveil il y avait un vent assez violent et frais par conséquent, il s'est apaisé dans la journée heureusement. Et la soirée est calme, comme d'habitude. Et je vois au-dessus de moi Orion, bien entendu, et, un peu au-dessus de l'horizon, Sirius, la plus brillante étoile de notre ciel.

Samedi 8 janvier 1994

9,5° au réveil.

Nous allons circuler aujourd'hui en direction de la falaise bordière des Richat, à travers des plaines et des oueds, certains boisés d'ailleurs, des regs de transport dans certains cas, avec des galets de grès, et d'autre part des pédiments empruntés à la roche adjacente. De bonne heure le matin, Jean Fabre est allé vérifier le bord externe des Richat proprement dit, et il a eu la chance de découvrir que la crête externe était elle-même divisée en trois segments, par des failles, ce qui corrobore pour lui une idée générale qu'il nourrit sur la mobilité relativement récente de certains éléments de la géologie de l'Afrique occidentale. Ce qu'on appelle le Craton, qu'on considérait comme extraordinairement stable et immobile, bouge peut-être légèrement, et c'est sans doute une découverte importante puisqu'elle a été vérifiée déjà dans un certain nombre d'autres endroits.

L'oued dans lequel nous avons campé était probablement défini par une faille que nous allons remonter demain pour grimper sur le plateau, et arriver à Wâdân au début de l'après-midi. C'est un oued, il y a des *Caparis*, des talha, des tamat et peu de végétation herbacée d'ailleurs, du morkeba en particulier, le *Panicum turgidum* ubiquiste.

Le soir, Jean Fabre retrouve dans un de ses sacs encore quelques doses de café soluble sur lequel on ne comptait pas, ce qui nous a permis d'avoir au dîner du soir une tasse de café, qui a été la très bienvenue, inutile de le préciser.

Et nous voilà de nouveau couchés sous les étoiles pour la dernière fois de ce voyage puisque demain nous arrivons à Wâdân.

Dimanche 9 janvier 1994

Au réveil 7,5°.

Nous sortons de la gorge de Ntiwiz et montons sur le plateau sur lequel nous restons jusqu'à Wâdân, plateau avec très peu de végétation et extrêmement désertique.

A Wâdân, à 12 h 10, je descends de chameau pour la dernière fois de ma vie. J'étais monté pour la première fois pour une expédition chamelière le 14 octobre 1923 pour traverser la Mauritanie du nord au sud, de la frontière espagnole à Saint-Louis du Sénégal, aujourd'hui je ferme la parenthèse qui a été ouverte en 1923. Je la ferme en 1994, c'est une date pour moi. Il est possible que je retourne au Sahara mais ça ne sera pas dans les mêmes conditions en ce qui concerne le voyage chamelier. Je crois qu'à mon âge, il sera prudent de renoncer à ce genre de performance.

Autre chose. La nuit dernière, en rêve, des souvenirs me sont revenus. C'est curieux le fonctionnement de cette machine cérébrale... Il m'est revenu à l'esprit un épisode de ma jeunesse qui m'a beaucoup marqué à l'époque et qui a, à la fois, illuminé et ravagé dix années de ma jeunesse. Il s'agissait d'une attirance, non partagée peut-être, même certainement, épisode très ancien... Tout ça est oublié depuis longtemps... Et pourtant, tout à coup, dans la gorge de Ntiwiz, couché sous un acacia, la nuit, sous les étoiles, cette vieille période de ma vie est revenue me hanter, c'est mystérieux...

Le soir nous avons été reçus par des notables, il y avait le préfet de Wâdân, l'adjudant-chef du petit détachement militaire de la région, ça a duré fort longtemps, et on a beaucoup parlé, beaucoup mangé aussi, parce qu'on nous a littéralement gavés de nourriture, à l'excès d'ailleurs, trop de séances de thé et trop de nourriture. Mais ces gens sont extrêmement aimables, ils se préoccupent beaucoup de l'avenir de leur région, de leur ville en particulier. Le préfet naturellement a des préoccupations principalement économiques, il voudrait bien découvrir de l'or ou du diamant dans son territoire, ou du pétrole, c'est une préoccupation légitime, certes, mais ce n'est pas très directement la nôtre, nous cherchons des explications à bien des choses, mais l'aspect directement économique et financier ne nous concerne peut-être pas.

Voilà que passe devant moi un troupeau de chèvres et de moutons qui théoriquement vont au pâturage ; je me demande quel pâturage ils vont trouver. Ils sortent de la ville en trottinant vers le nord ; je n'ai pas encore vu passer le berger, il doit y avoir un enfant quelque part qui marche derrière ce troupeau, on entend bêler certains de ces animaux... Mais il en passe plusieurs ! Plusieurs troupeaux ont passé devant moi dans la rue principale qui débouche sur le plateau du nord que nous avons traversé hier et qui était si aride ! Je ne sais pas trop si ces animaux vont trouver à manger dans la journée ; en tout cas ils reviendront ce soir pour se faire traire.

Voilà la fin de la journée du dimanche 9 janvier 1994...

ET DEMAIN ?

Revenu d'un parcours abrégé dans la Majâbat – fût-ce à la satisfaction de nos deux chameliers qu'il eût probablement été difficile d'emmener beaucoup plus loin –, il me restait à tirer de ce voyage les quelques conclusions qui s'imposaient.

Pour moi, la déception était considérable, puisqu'une expédition à laquelle j'avais si longtemps rêvé – joindre El Ghallâwîya au point d'eau d'El-Gçeyb Ounân – se terminait par un demi-échec.

Il est vrai que le verre à demi-vide est également à demi-plein et que, à lire les conclusions de frère Jean – jointes en annexes – la réussite géologique du voyage est certaine et autorise même sur la constitution de la Majâbat septentrionale des conclusions nouvelles, voire à certains égards surprenantes. Nous avons fait de notre mieux, les uns et les autres, et maintenant que la Majâbat paraît s'ouvrir à la pénétration automobile, il ne semble pas douteux que les recherches géologiques connaîtront bientôt, malgré l'étendue démesurée des étendues sableuses, de nouveaux et très significatifs progrès.

Sans doute ne pleut-il pas plus qu'autrefois dans la Majâbat, mais celle d'aujourd'hui n'est plus celle d'hier ou d'avant-hier. Les voitures tout-terrain, même si quelques cordons dunaires forment un obstacle temporaire, peuvent passer pratiquement partout et, par conséquent, franchir sans difficultés majeures les immensités sablonneuses de la Majâbat. Non seulement l'on peut désormais aller partout mais, le GPS aidant, il n'est plus possible de se perdre.

Ainsi, une immense région, négligée jusqu'ici à cause des énormes difficultés d'accès qu'elle opposait à nos projets, s'offre enfin à une activité scientifique plus vive et mieux organisée. Le travail ne manquera pas, qu'il s'agisse de géologie, de géomorphologie, de préhistoire ou de biologie. La porte de la Majâbat va se trouver enfin largement ouverte aux chercheurs. Souhaitons qu'ils acceptent de profiter efficacement des possibilités qui leur sont désormais offertes pour l'étude du désert saharien peut-être le plus étendu et, indubitablement, le plus remarquable.

ANNEXES

LONGS TRAJETS CHAMELIERS
par Théodore Monod

Il m'a paru intéressant de chercher à établir une liste des principaux trajets chameliers ayant dépassé une distance de 500 kilomètres entre deux points d'eau*.

Bien entendu, il faut exclure de cette liste :

a) Les séjours, et même les déplacements (d'ailleurs toujours de peu d'amplitude) de chameaux installés en hiver et pour des mois sans abreuvoir dans du pâturage vert.

b) Les trajets effectués à chameau sans abreuvoir, mais dans du pâturage vert et à une allure de nomadisation et non plus de voyage proprement dit, par exemple les 600 kilomètres parcourus en 126 jours, du 22-11-1925 (Mersa Sha'b) au 28-3-1929 (Bir Umm Bishtit), par G. W. Murray (L. Keimer, *Bull. Inst. Egypte*, XXXV, 1952-1953 [1954], p. 485, note 2).

c) Les trajets bien effectués entre deux puits, mais ayant bénéficié d'un abreuvoir inattendu, par exemple le Dakhla-Siwa de Rohlfs (672 kilomètres en 30 jours) en 1874, au cours duquel, à "Regenfeld" une pluie miséricordieuse a ravitaillé bêtes et gens.

d) Bien entendu, les "raids" signalés comme exemples de longues distances et de rapidité de marche, mais effectués avec des abreuvoirs intermédiaires, par exemple les 1 280 kilomètres en 8 jours du cheikh Naif B. Humaid, vers 1925 (H. R. Dickson, 1949, p. 410), les 848 kilomètres en 5 jours et demi de Bani B. Zaid en 1915, dont le chameau, d'ailleurs, est mort à l'arrivée (*eod. loco*, p. 410) ou les 850 kilomètres (Tindoûf-Wâdân) "abattus" en 12 jours par Mâ' El-'Aynîn, accompagné de 20 hommes (F. de La Chapelle, *Hespéris*, XI, 1930, p. 92, note 3). H. Bissuel (*Les Touareg de l'Ouest*, 1888, p. 101) cite un raid des Taïtoq et Kel Ahnet de plus de 850 kilomètres en 17 jours, et en

* Un article de moi sur ce sujet, sollicitant remarques et compléments, a paru sous le même titre que cet appendice : "Longs trajets chameliers", dans le *Bulletin de liaison saharienne*, n° 20, mai 1955, p. 38-42. Le présent texte reprend, et améliore, le précédent.

été : il y a donc certainement eu des abreuvoirs intermédiaires. En 1932, un Maure, Ahmadou Ould Ekhteirat, âgé de 75 ans, couvrait 1 300 kilomètres en 13 jours (général Y. de Boisboissel, *Cahiers Charles de Foucauld*, n° 38, 1955, p. 147).

P. A. Buxton (*Animal Life in Deserts*, réimpr. 1955, p. 88) cite, d'après Gregory, un raid de Tietkin ayant couvert, dans le désert australien, *"537 miles in thirty-four days without watering his camels"*. Grâce à l'obligeance de J. N. Jennings, de l'Australian National University, j'ai pu obtenir sur cette apparente performance les renseignements les plus explicites (*in litt.*, 8-11-1955).

La citation de J. W. Gregory se trouve page 44 de *The Dead Heart of Australia*, London, 1906 : *"In Tietkin's journey with the Elder Scientific Expedition in 1891-1892, his camels marched 537 miles in 34 days without a drink."*

Or, des renseignements aimablement fournis par J. N. Jennings il ressort :

1. Que W. H. Tietkin, s'il a bien effectué une exploration importante (*Journal of Mr W. H. Tietkin's Central Australian Exploring Expedition*, South Australian Parliament, paper n° 111 of 1890*) n'a pas participé à l'Elder Scientific Exploring Expedition.

2. Que D. Lindsay (*Journal of the Elder Scientific Exploring Expedition, 1891-1892 under the command of D. Lindsay*, Government Printer, Adelaide, 1893, p. 8) signale que de Mont Squires à Fraser Range, sa caravane a parcouru 537 miles en 34 jours.

3. Que cette distance n'a pas été parcourue sans abreuvoir, puisque l'auteur (p. 117, où les chiffres deviennent 536 miles en 35 jours) signale que les chameaux ont bu les 2e (3 gallons), 8e (2 1/2 gallons) et 25e jours (2 1/2 gallons).

Bien que cette considérable distance n'ait donc pas, comme l'ont dit Gregory et, après lui, Buxton, été effectué sans abreuvoir d'aucune sorte, ce trajet demeure une remarquable performance**.

En ce qui concerne les longs trajets sans eau, rappelons qu'en 1924 encore, G. Gradis (*La Géographie*, XLII, p. 336) pouvait affirmer que "des étapes de 500 kilomètres sans eau sont interdites à qui circule à pied ou à chameau puisqu'elles représentent plus de 12 jours de marche".

Voici toutefois quelques-uns des cas de trajets supérieurs à 500 kilomètres qui sont parvenus à ma connaissance :

1. 1912 (18-27 mars), capitaine M. Cortier : Ouallen-Tagnout : 538 kilomètres (M. Cortier, *Reconnaissance Ouallen-Achourat,*

* Au cours de laquelle *"he was more troubled by rain than lack of water and the longest the camels went without water was 7 days"*.

** Lindsay (*loc. cit.*, p. 117) cite, comme autre long voyage après le "record" établi par lui-même, le voyage de E. Giles en 1875 : 325 miles en 17 jours avec un abreuvoir de 3 gallons le 12e jour.

Paris, 1913, 32 p., 1 croquis ; M. Cortier, "D'El Aoulef par Ouallen au Niger et retour à Ti-n-R'erho", p. 54-69, *in* : *Rapport du capitaine Nieger, mission du Transafricain*, Paris, 1924). Le chiffre du kilométrage est emprunté à la figure 16 du rapport du capitaine Nieger.

2. Rezzou de Mohammed O. Mohammed Soude : Hodh-Agâraktem, en 6 jours et 6 nuits, sans abreuvoir, les hommes ayant bu au Gçeyb Ounân : 600-650 kilomètres (cap. Fevez, *Bull. com. ét. hist. scient.* AOF, 1922, n° 2, p. 250).

3. 1920-1921. Capitaines Lauzanne et Augiéras : d''Ayoûn 'Abd el Malek à Awchîch (30-12-1920 au 13-1-1921), *fide* cap. Lauzanne *in* cap. Bourguignon (1922, p. 109-110) : "Ils ont fait les 650 kilomètres qui séparent Aïoun Abd el Malek d'Aouchich en 14 jours sans abreuvoir."

4. 1930 (mars). Lieutenant Diego Brosset : Bwir-Zreygât-'Ogeylet en-Nmâdî : 565 kilomètres (*Rapport*..., p. 14 ; en 1935 (*Sahara*, p. 252) Brosset donne : 500).

5. 1931. Réfugiés de Koufra marchant vers l'est, sans guides, avec des blessés, des femmes et des enfants : 672 à 688 kilomètres à travers un pays non seulement sans points d'eau mais très desséché. Cette marche demeure une extraordinaire entreprise (R. A. Bagnold, *The Geogr. Journ.*, LXXVIII, n° 1, juillet 1931, p. 36).

6. 1932 (14-21 mars). Capitaine Le Cocq : El Beyyed – poursuite de l'émir de l'Adrâr-'oglats d'Agelt Lebwarin. Le calcul des distances parcourues par le détachement Le Cocq est difficile à préciser, les sources présentant des obscurités ou des divergences : c'est ainsi que la distance totale (y compris le trajet Agelt Lebwarin-El Beyyed) est donnée comme 900 kilomètres en 10 jours par le lieutenant d'Otton Loyewski, *Rezzous sur l'Adrâr*, 1942, p. 61, comme 970 en 11 jours par la *Revue militaire de l'AOF*, IV, n° 14, 1932, p. 72. En fait, du 14 (El Beyyed) au 21 mars (Aguelt Lebwarin), le détachement paraît avoir parcouru 1° jusqu'au lieu du combat, via Ghord Darmous : env. 520 kilomètres en 5 jours ; 2° du campement de l'émir à Agelt Lebwarin : env. 250 kilomètres en 3 jours, soit env. 770 kilomètres en... 8 jours*.

Je n'ai pas trouvé dans les textes la mention expresse d'un abreuvoir à Agelt Lebwarin, mais on peut supposer qu'il y en a eu un.

7. 1932. Saint-John B. Philby : Empty Quarter d'Arabie, de Naifa à Sulaiyil, env. 600-640 kilomètres (*The Empty Quarter*, 1933).

8. 1934 (janv.-fév.). Lieutenant Brusset : In Afellalah – un point de la piste Bilma à Agadès-Takolokouset (12 février) : 742 kilomètres en 18 jours (cap. Blaudin de Thé, *Historique des compagnies méharistes*, 1902-1952, Alger, 1955, p. 110).

* Le général Y. de Boisboissel donne : 750 kilomètres en 7 jours (*Cahiers Charles de Foucauld*, 38, 1955, p. 146).

9. 1935 (1er-15 mars). Capitaine Gufflet, lieutenant Bruge, Théodore Monod : Tenyoûlig – un point à 180 kilomètres sud de Tenyoûlig-Arawân : env. 600 kilomètres (T. Monod, *Bull. Muséum* (2), VII, n° 5, octobre 1935, p. 294) ; en fait plusieurs dhayas ayant été rencontrés à quelques heures de Tenyoûlig, la distance "anhydre" doit se placer aux environs de 580 kilomètres seulement*.

10. 1936 (6-14 février). Lieutenant Brandstetter et Théodore Monod : Sobti-Ouallen, env. 510 kilomètres (T. Monod, "Compte rendu sommaire de la deuxième partie d'une mission au Sahara occidental", *Bull. Mus.* (2), VIII, n° 3, 1936, p. 311-315. – "A l'ouest, du nouveau. Une exploration scientifique au Sahara occidental" *(suite), Sciences et voyages*, XVIII, n° 13, 1er juillet 1936, p. 35-38 et 57, 9 fig. – "A chameau à travers le Tanezrouft", *Algeria*, n° 47, janvier 1937, p. 4-7, 8 phot., 1 carte. – "New journey to the Western Sahara", 1915-1936, *The Geogr. Journ.*, LXXXIX, n° 2, février 1937, p. 152-153, 1 croquis, 4 pls. – *Méharées*, 1937, p. 273-291. – "H. Brandstetter, une patrouille méhariste dans le Tanezrouft et l'Aregchâh", *L'Afr. fr.*, XLVII, n° 5, mai 1937, p. 260-265, 1 croquis. – "Première reconnaissance chamelière du Tanezrouft", *Le Monde colonial illustré*, n° 170, août 1937, p. 193-194, 1 croquis, 2 photos. – "Reconnaissance dans le Tanezrouft et l'Aregchâh", *Bull. com. ét. hist. scient. AOF*, XX, n° 4, 1937 [1938], p. 387-402, 3 fig).

11. 1936 (6-20 mars). Lieutenant Charpentier : "Tanezrouft : 700 kilomètres." (*Revue militaire de l'AOF*, 8, n° 31, 17 octobre 1936, p. 92 ; voir aussi lieutenant Charpentier, "Reconnaissance méhariste du goum et des partisans ifoghas de Kidal dans la région In Dagouber-Amrenane", *Bull. recherches soudanaises*, 5-6 nov.-déc. 1936, p. 205-221, 1 carte h. t.)

12. 1937 (janvier-février). Lieutenant Charpentier : Izelilen-Tirek (16 jours sans abreuvoir), Tirek-Fersîga (21-1 au 5-2, 650 kilomètres en 16 jours sans abreuvoir), Fersîga-Reggan (8 jours) (lieut. Charpentier, "Dans le Tanezrouft central", *Revue militaire de l'AOF*, 10, n° 36, 15 janvier 1938, p. 13-50, 9 photos, 1 carte).

* La *Revue militaire de l'AOF*, 8, n° 31, 15 octobre 1936, p. 75, affirme que le détachement Chapouty, du GN de Chinguetti, aurait effectué une "randonnée de 700 kilomètres sans eau". La belle reconnaissance du capitaine A. Chapouty a, en fait, bien effectué, si l'on se rapporte au rapport original de cet officier, 736,500 kilomètres (Agilâl-El Mreyti par 'Ogeylet en-Nmâdî et El-Mrâyer) mais elle a bu à Achgîg l-A'dâm les 9-10 novembre 1935, puis à Dhâyet Sebtaya le 24, après 484,500 kilomètres sans eau, parcourus en un peu plus de 14 jours. Il n'y a donc pas lieu, quel que soit par ailleurs l'intérêt d'un trajet qui est jusqu'ici le seul à avoir renouvelé celui de Brosset (1930), de le citer dans la présente liste.

13. 1937-1938. Lieutenant A. Trancart : Tourin-Zednes-Gleyb el Akhdar-Sfaryât-Anadjim-Guelb Jerab : 780 kilomètres sans eau (*Revue militaire de l'AOF*, 10, n° 39, 15 octobre 1938, p. 48, et A. Trancart, *in litt.*, 22-2-1955).

14. 1938-1939. Lieutenant A. Trancart : région Karêt-Yetti-Ghalaman : 600 kilomètres sans eau (A. Trancart, *in litt.*, 7-3-1955).

15. 1939 (mars). Lieutenant Sevenet : Aratân-Fagibin par la lisière nord de l''Aklé 'Awâna : 610 kilomètres, en 19 jours (lieutenant Sevenet, *in litt.*, 30-2-1955).

16. 1945, 1950. Wilfred Thesiger : Empty Quarter d'Arabie, deux traversées d'environ 640 kilomètres chacune (W. Thesiger, *Roy. Central Asiatic Journ.*, XXXVII, 1950, I, p. 54 et *Illustr. London News*, 3 juillet 1954, p. 19).

17. Vers 1946-1947. Un parti de razzieurs Sa'ar parti de Minwakh pour piller au nord du Rub al-Khâlî, dans le Wadi Dawasir, a parcouru environ 640 kilomètres à l'aller et a dû battre en retraite sans avoir pu abreuver ; ils auraient parcouru à peu près 600 miles (960 kilomètres) entre deux puits (Wilfred Thesiger, *in litt.*, 24-11-1954) ; le même auteur (*Roy. Central Asiatic Journ.*, XXXVII, 1950, I, p. 54) fait allusion à des raids de ce genre au cours desquels les chameaux sont demeurés sans boire *"until they returned a month later"*, durée comparable seulement à celle des campagnes les plus longues des chasseurs d'addax de la Majâbat.

18. 1954-1955 (12 décembre-2 janvier). Théodore Monod : Wâdân-Arawân, à vol d'oiseau env. 870 kilomètres ; le calcul des marches indiquerait 944 kilomètres, chiffre sans doute un peu fort, que, même en tenant compte d'une erreur d'environ 20 kilomètres sur l'"atterrissage", il n'est pas aisé d'expliquer, les causes d'erreur pouvant être diverses.

19. 1955 (4-19 janvier). Théodore Monod : Arawân-El-Mrâyer, env. 600 kilomètres.

Je me suis contenté de citer, à titre d'exemples, un certain nombre de longs trajets venus à ma connaissance. Il a dû certainement y en avoir beaucoup d'autres, du même ordre, peut-être même plus "forts" encore. Il serait très utile de chercher à en retrouver la trace, de façon que la liste de ces voyages au long cours puisse être peu à peu complétée. Quant à espérer pouvoir fixer un "plafond" aux possibilités chamelières, j'y renonce complètement depuis qu'il m'a fallu faire boire de force* à Arawân des animaux qui, ayant au départ dédaigné l'eau de Wâdân, n'avaient en réalité pas bu depuis près d'un mois, sur lequel ils avaient fait étape 28 jours.

* Mesure d'ailleurs d'utilité discutable depuis que nous savons, ce que j'ignorais en 1956, que le chameau boit "pour le passé" pour combler un déficit et rétablir un équilibre, et non "pour l'avenir", à titre de "provisions".

MAJÂBAT AL-KOUBRÂ (1993-1994) RÉSULTATS GÉOLOGIQUES

par Jean Fabre

LES OBJECTIFS

La méharée de 1993-1994 dans le nord de la Majâbat al-Koubrâ avait au départ deux objectifs scientifiques. D'une part préciser les limites d'une nappe de sédiments d'âge secondaire connus sous des noms divers (grès de Nubie, continental intercalaire) de la mer Rouge jusqu'au Mali, et qui recouvre des terrains d'âge primaire, ou plus anciens ; d'autre part chercher si des filons d'une roche bien particulière ressemblant à un calcaire (une carbonatite), semblables à ceux que l'on connaissait dans le dôme des Richat, existaient aussi à l'est de celui-ci.

Cette nappe, à l'est et au sud du bassin de Tâwdanni, sur les confins algéro-maliens et dans le nord du Mali, est représentée par d'anciens sables fluviatiles, qui ont été cimentés ensuite par de la silice et du fer en donnant des quartzites de couleur brune ou blonde ("cassonade" dit Monod). Cette roche dure constitue la table sommitale de l'escarpement du Khnâchîch (= le chanfrein) : un trait du paysage bien connu des nomades et que l'on suit sur plus de 600 kilomètres du nord-est au sud-ouest. Les troncs d'arbres pétrifiés retrouvés emballés dans ces sédiments sont des conifères primitifs de l'ère secondaire. Ils avaient fait attribuer ces couches au continental intercalaire, bien connu au Sahara central [1] où il est daté du Jurassique-Crétacé inférieur, entre 200 et 100 millions d'années (Ma), par des bois silicifiés mais surtout les vertébrés (dinosaures, crocodiles, poissons) qu'il contient. Les quartzites du Khnâchîch se terminent en biseau vers l'ouest, au nord-est de la Majâbat al-Koubrâ. On ne les connaît plus au-delà, vers l'Atlantique qui était alors en train de s'ouvrir.

Théodore Monod [2] signalait aussi, à la base de ces sables déposés dans des rivières et des fleuves, un minéral vert alors qualifié de "glauconie", et qui se forme exclusivement en milieu marin. Il y avait là une contradiction inadmissible.

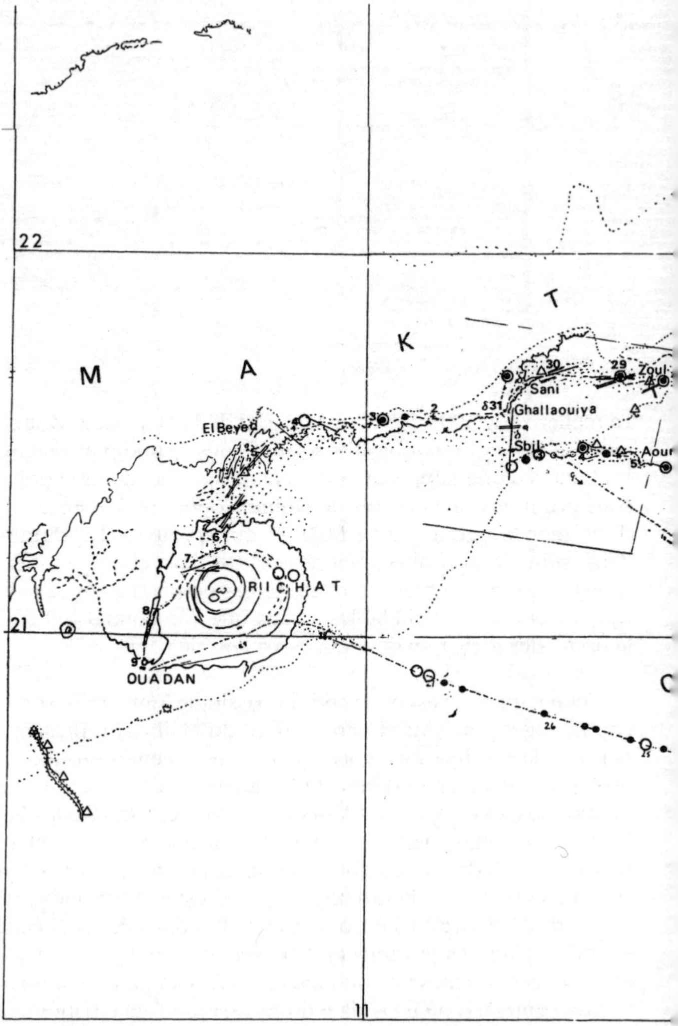

O	Lacustre	△	Tanga (glaciaire)
o	Coquilles en surface	(pointillé)	Chinguetti (grès Ördov.)
•	Palustre	▭	Grésopelitique et calc. (Cambrien
□	Calco-gréseux	— —	Faille récente
*	Khnâchîch	(double trait)	Faisceau de diaclases serrées
D	Dévonien ?	δ	Dolérite

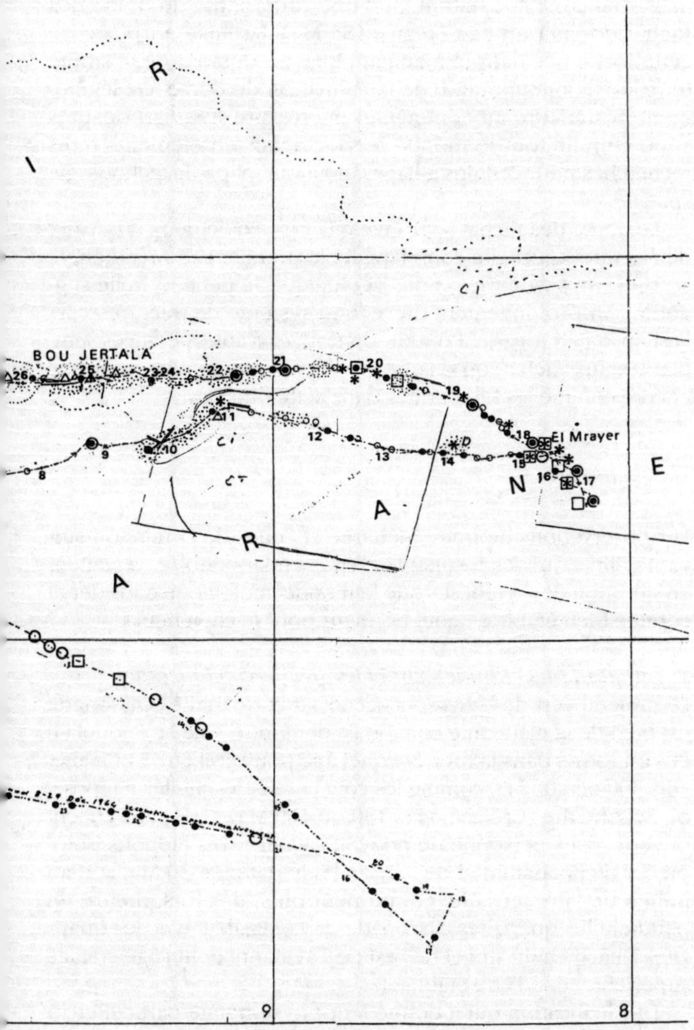

Relevés géologiques (Jean Fabre) dans la Majabât al-Koubrâ, hiver 1993-1994.

Par ailleurs, la datation [3] d'une carbonatite du dôme des Richat donnait un âge crétacé (85 Ma). La mise en place de cette roche née dans le manteau, bien au-dessous de la croûte terrestre, contemporaine de la formation du dôme, est légèrement postérieure au continental intercalaire. Les carbonatites sont, comme tout le monde le sait, riches en éléments rares recherchés pour certains alliages, notamment par la technologie spatiale.

Le dôme des Richat se trouve à la croisée de deux faisceaux de fractures d'échelle continentale, le premier sub-méridien, le second ENE-WSW. Or les cartes géologiques à petite échelle suggèrent un prolongement du second système de fractures vers l'est, jusqu'en Algérie. Pourrait-on trouver d'autres édifices semblables aux Richat, ou d'autres roches d'origine plus profonde encore comme les kimberlites dans cette direction ?

LES RÉSULTATS

Les observations de notre méharée et celles de la mission suivante, ainsi que les résultats obtenus en laboratoire, remettent en question des synthèses que le monde géologique considérait comme bien établies : quel bonheur pour le chercheur !

1. *Les quartzites "Khnâchîch" et les grès verts "glauconieux"*
Le minéral vert des grès sous-jacents aux quartzites cassonade est bien de la glauconie comme l'a démontré Mlle H. Paquet [4] et s'est formé dans la mer. De quel âge pouvait-il être ? Primaire, vers 300 ou 400 Ma, comme les couches sur lesquelles il repose, ou Secondaire (Crétacé, vers 130 ou 100 Ma) ? Les paris étaient ouverts, mais personne ne pouvait gagner… Les rapports isotopiques du potassium et de l'argon [5] le datent à 30 Ma, soit au milieu de l'ère tertiaire. On ne peut plus, dès lors, mettre en parallèle les quartzites cassonade de la Majâbat avec les quartzites Khâchîch du sud et de l'est de Tâwdanni dont l'âge crétacé supérieur vient d'être établi [6].

La silicification qui a donné leur physionomie particulière à toutes ces roches est donc un phénomène récent, probablement de la seconde moitié du Tertiaire. Elle a affecté tous les grès qui affleuraient à ce moment-là dans la région. Monod [2] remarquait que l'on ne retrouvait plus, dans le nord de la Majâbat, les bois silicifiés si caractéristiques des quartzites du Khnâchîch près de Tâwdanni !

Ces quartzites ne constituent donc pas une couche géologique datant du Secondaire, comme on le pensait jusqu'ici, mais ce que les Britanniques appellent un *silcrete*. Vers le milieu du

Tertiaire (20-25 Ma), les arbres et plantes de la région, soumis à un climat tropical, ont pompé, tels des Shadoks, de l'eau mais aussi de la silice dans tous les grès qui affleuraient et les cailloutis de surface. La silice s'est concentrée dans leurs cellules sous forme de granules microscopiques solubles (les *phytolithes*). Durant leur décomposition, les *phytolithes* passent dans le sol [7] et recristallisent en formant peu à peu une croûte siliceuse insoluble.

2. *La mise en place des carbonatites, la formation du dôme des Richat*

Nous n'avons pas trouvé, à l'est des Richat, d'autres carbonatites. Le dôme des Richat est donc un objet très particulier, formé par l'intrusion de carbonatites vers 95 Ma [8] (milieu du Crétacé). Ces roches sont montées à la faveur de fractures très profondes (100 à 200 kilomètres de profondeur). Il démontre qu'à cette époque l'Ouest africain, que l'on considérait comme figé depuis deux milliards d'années, se fissurait et que ces failles descendaient bien au-dessous de la croûte terrestre.

3. *A nouveau, 90 Ma plus tard, l'Ouest africain se fend, se bombe ou se déprime par endroits.*

Dans le nord du Mali [9], certaines failles anciennes ont rejoué récemment ; il en est de même dans le Tanezrouft algérien. S'agit-il de phénomènes limités ? Quelle peut être l'extension vers l'ouest de ces zones mobiles ? Le lent cheminement au ras du sol de notre méharée nous a fait découvrir plusieurs failles récentes qui ont tranché des pentes, coupé des oueds ou fabriqué des fossés, profonds de quelques mètres et rectilignes sur plusieurs kilomètres. Les hommes de la Préhistoire ont vu se former ces failles et senti les tremblements de terre qui les ont accompagnées. Dans le nord-ouest du dôme des Richat, un grand cône d'éboulis datant au plus de 20 000 ans est tranché net par une faille qui l'a décalé de plus de deux mètres et que l'on peut suivre, vers l'est, sur plusieurs kilomètres. L'un des cas les plus spectaculaires est celui du ravin de Sani, au nord-est d'El Ghallâwîya, où une rive, puis l'autre un peu plus loin, ont été tranchées par une fracture longitudinale toute fraîche. 100 kilomètres à l'est d'El Ghallâwîya, les crêtes rocheuses de Bou Jertala, qui marquent la limite nord de la Majâbat, sont aussi découpées par des failles récentes. On trouve, sur ce faisceau de fractures, un groupe de puits. Nous en avons goûté l'eau – en dépit de sa réputation détestable – et l'avons échantillonnée à deux reprises. Sa teneur très élevée en nitrates [10] prouve qu'elle a lessivé le socle en profondeur. Ces failles ENE-WSW suggèrent l'existence d'une grande zone mobile qui irait de Reggan, dans le nord du

Tanezrouft algérien, jusqu'au Richat à 1 300 kilomètres de là, et même peut-être jusque dans l'Atlantique.

Les bombements et des dépressions à grand rayon de courbure sont un autre phénomène. Dans ce pays peu fréquenté, les cartes n'indiquent pas les altitudes ; mais les sédiments du Quaternaire récent nous parlent. Théodore Monod, dans ses différentes traversées de la Majâbat al-Koubrâ, a signalé des dépôts lacustres encore tendres (le târoûs). Il évoque un immense lac, grand comme plusieurs départements, et qui ferait le pendant au lac Tchad de la Préhistoire, mais serait aujourd'hui caché sous les dunes.

Dans ses précédents raids ouest-est à la recherche du stock de baguettes de laiton, Théodore Monod [11] n'avait rencontré que des dépôts lacustres. Notre itinéraire, un peu plus septentrional, a traversé ce lac évanoui et les marais de sa rive nord. Au-delà, vers le nord-est, les roches devaient affleurer comme aujourd'hui. La répartition des dépôts suggère une gouttière ENE-WSW qui, passant au nord de Bou Jertala, aboutit au sud d'El Ghallâwîya et du ravin de Sbil, et d'autre part une vaste zone déprimée vers le cœur de la Majâbat. Cette gouttière est donc de même orientation que les failles dont il était question plus haut.

L'Ouest africain n'est donc pas figé. Mais quelle est la cause de ces mouvements verticaux ? Les nouveaux éléments apportés par nos missions donnent une dimension continentale au phénomène. Des géophysiciens [12] ont démontré l'existence, dans le nord du Sahara, d'une zone est-ouest, allant de la Libye à la Mauritanie, où le flux de chaleur venu des profondeurs de la Terre était anormalement élevé. Les rejeux de faille et les mouvements verticaux observés sur plus de 300 kilomètres s'alignent au sud de cette anomalie. Ont-ils un rapport avec elle ?

4. *Aujourd'hui tout est sec. Il y a 10 000 ans, le pays était couvert de lacs, de marais et de savanes.*

On peut sans effort, en étudiant les images satellites SPOT, imaginer le paysage dans lequel vivaient nos ancêtres du Néolithique ; des zones de terre nue (les tâyâret), occupées par des mares, des marais ou la savane, séparées par des cordons de dunes claires (les 'alab) parallèles, orientées dans le sens des alizés (NE-SW). Aujourd'hui ces vieilles dunes s'agrémentent de cordons vifs, mobiles, nés depuis la désertification (moins de 4 000 ans).

Quelques touffes de hâdh vert avaient attiré nos chameaux sur le flanc d'un 'alab, nous obligeant à y poser le camp du soir. Nous y fîmes, avec Luc Marescot, une découverte inattendue : un paquet d'ébauches de grattoirs, bien serrées les unes contre les autres, comme si elles avaient rempli un petit sac, à demi enterré dans le sable gris fin de l''alab ; la cache, sans doute, d'un artisan néolithique qui était allé chercher sa matière première dans le *silcrete* qui affleure à une vingtaine de kilomètres au nord-est. Où allait-il avec sa provision ? Rejoignait-il le campement que nous avions remarqué, sur les rives d'un lac, à une vingtaine de kilomètres à l'ouest ?

5. On a trouvé [13-14] des moraines et des alluvions sous ou pro-glaciaires au Sahara central et au Sahara occidental. Une grande calotte glaciaire a couvert le centre de l'Afrique vers 440 Ma. Des chenaux sous et pro-glaciaires forment, au sud du Richat, la crête du Herrour. Nous en avons trouvé d'autres, sur près de 250 kilomètres à l'ENE, entre El Ghallâwîya et Bou Jertala. Ces minces crêtes sinueuses apparaissent bien sur les images SPOT et donnent des reliefs ruiniformes très pittoresques (guelb Aouritz, guelb Zoul). Comme dans le Herrour, leurs alignements sont orientés vers le nord-ouest, c'est-à-dire de la calotte glaciaire qui couvrait le centre de l'Afrique (à la façon de l'Antarctique actuel) vers la mer qui baignait à l'époque le Maghreb.

6. Enfin la chance a voulu que nous posions notre camp, alors que nous cherchions en vain quelque pâturage pour nos chameaux, sur un petit affleurement au milieu des dunes. Les grès étaient bien différents de ceux que nous avions vus jusque-là. Ils contenaient des coquilles [15] et en particulier des Brachiopodes bien connus dans le nord de la France à la fin de l'étage dévonien (360-350 Ma) donc plus jeunes de 70 à 80 Ma. Ces coquilles ont été fossilisées dans des sables littoraux, non loin de la côte. Cette découverte donne un jalon précieux, car les seuls affleurements de terrains de cet âge se trouvent à 250 kilomètres au nord-est et 400 kilomètres au sud-ouest, et permettent de préciser la position des terres émergées et de la mer à cette époque où commençait à s'esquisser, en Mauritanie, une chaîne de montagnes du même âge que notre Massif Central.

TRAVAUX CITÉS

[1] C. Kilian, 1931. "Des principaux complexes continentaux du Sahara", *C. R. Soc. geol. fr.*, 4, p. 87.

[2] Th. Monod, 1952. *L'Adrâr mauritanien*, Publ. Dir. Mines AOF, Dakar, 286 pages.

Th. Monod, 1958. "Majâbat al-Koubrâ, contribution à l'étude de l'«Empty Quarter» ouest-saharien", *Mém. Inst. fr. Afrique noire*, n° 52.

[3] Th. Monod et C. Pomerol, 1973. “Contribution à l’étude de l’accident circulaire des Richat”, Sc. de la Terre, Nancy, *Mém.* n° 28, 139.
Neto *et al.*, 1992.
[4] H. Paquet, *in litteris*, labo géochimie Strasbourg.
[5] N. Clauer, labo géochimie, Strasbourg.
[6] Fabre, Arnaud *et al.*, *Mém. serv. Géol. Algérie* (sous presse).
[7] H. Erhart, 1971. *Itinéraires géochimiques et cycle géologique du silicium*, Doin éd., Paris, 217 p.
A. Alexandre, F. Colin, J. D. Meunier. “Les phytolithes, indicateurs du cycle biogéochimique du silicium en forêt équatoriale”, CRAS, 319, II, 453-458.
[8] Poupeau *et al.*, Grenoble, *Mém. serv. Géol. Algérie* (sous presse).
[9] J. Fabre, P. Carbonel, J. Riser, I. Oxnevad, 1989. “Déformations récentes au cœur du craton ouest-africain (Tâwdanni, Mali)”, CRAS, 308, II, 1561-1566.
[10] J. Sarrot, Grenoble, trav. en cours.
[11] Th. Monod, 1964. “Majâbat al-Koubrâ” (2e supplément), *Bull. IFAN*, XXVI, A, 4, 1393-1402.
Th. Monod, 1980. “Majâbat al-Koubrâ” (3e supplément), *Bull. IFAN*, 42, A, 1, 201-209.
[12] A. Lesquer et G. Vasseur, 1992. “Heat flow constraints on the West African lithospher structure”, *Geophys. Research Letters*, 19, 6, 561-564.
[13] S. Beuf *et al.*, 1971. *Les Grès du Paléozoïque inférieur au Sahara*, Publ. IFP, 18, éd. Technip, 480 p.
[14] M. Deynoux, 1980. *Les Formations glaciaires du Précambrien terminal et de la fin de l’Ordovicien en Afrique de l’Ouest*, trav. Lab. sc. Terre, Saint-Jérôme, Marseille, B, 17 554 p.
[15] Gourvennec et Fabre, *Mém. serv. Géol. Algérie* (sous presse).

BIBLIOGRAPHIE
établie par Théodore Monod

Bourguignon, capitaine. "Les connaissances pratiques de l'officier méhariste et la mission Lauzanne", *Rev. troupes col.*, 16e année, n° 156, mars-avril 1922, p. 94-115, 1 croquis.

Brosset, D. "Essai sur les ergs du Sahara occidental", *Bull.* IFAN, I, 1939 (1941), n° 4, p. 657-689, 17 fig., pl. I-II.

Brosset, Diego. *Sahara. Un homme sans Occident*, 3e éd., L'Harmattan, 1991, p. 1-257, 1 carte, 2 photos.

Chudeau, R. "L'Azaouad et le Djouf", *La Géogr.*, XXX, 1914-1915, n° 6 (15 déc. 1915), p. 417-436, 1 carte h. t. (pl. I) au 1 : 2 000 000e.

Dufour, lieutenant. *Reconnaissance du* GNA *sur Agueraktem* (hiver 1933), ms., 18 p., croquis.

Dufour, lieutenant. "Observations sur les dunes du Sahara méridional", *Am. Géogr.*, XLV, n° 255, 15 mai 1936, p. 276-285, fig. 1-2, pl. VIII.

El-Bekri. "Description de l'Afrique septentrionale", trad. Mac Guckin de Slane, extr. du n° 11, année 1858 du *Journal asiatique*, Paris, 1859, 432 p. Nouv. éd., Alger, 1913, 407 p.

Fevez, capitaine. "Itinéraire de Oualata à El-Ksaïb", *Bull. com. ét. hist. scient.* AOF, 1922, n° 2, p. 241-250, 1 croquis h. t.

Fevez, capitaine. "Une reconnaissance dans le Sahara au nord-est de Oualata", *Rev. troupes col.*, n° 167, janvier-février 1924, p. 44-51, 1 croquis.

Gabus, Jean. "Contribution à l'étude des Nemadi, chasseurs archaïques du Djouf", *Bull. soc. suisse anthrop. et ethnol.*, 1951-1952, p. 49-83, 4 fig., pl. I-IV.

Ibn Batoutah, *Voyages d'Ibn Batoutah*, texte arabe, accompagné d'une traduction par C. Defrémerx et le Dr B. R. Sanguinetti, Paris, t. IV, 2e tirage, 1879, 479 p.

Monod, Théodore. "Sur la température de quelques eaux du Sahara occidental", *Bull. Muséum*, 2e série, t. X, n° 2, 1938, p. 187-198.

Monod, Théodore. "Notes hypsométriques sur le Sahara occidental", *Bull. com. ét. hist. scient. AOF*, t. XXXI, 1938 (1939), n° 3, p. 329-344, 1 croquis h. t.

Monod, Théodore. "Observations nouvelles sur la structure de la Mauritanie orientale", *C. R. Ac. Sc.*, 238, 1er mars 1954, p. 978-981.

Monod, Théodore. "Consommations d'eau au Sahara", *Bull. liaison saharienne*, n° 20, Alger, mai 1955, p. 34-37.

Monod, Théodore. "Longs trajets chameliers", *Bull. liaison saharienne*, n° 20, Alger, mai 1955, p. 38-42.

Monod, Théodore. "Sur un cas exceptionnel de richesse aréale : les sables de la Mauritanie orientale", *Recueil trav. Lab. bot. géol.* 200 l. fac. sc. univ. Montpellier, fasc. 7, 1955, p. 63-67, 1 croquis.

Monod, Théodore. "Une «promenade» au Sahara. Ouadan-Arawân : 900 kilomètres sans eau", *Cahiers Charles de Foucauld*, 9e série, vol. 38, 1955, p. 157-172.

Monod, Théodore. "Sur l'extension en Mauritanie orientale des grès du Continental intercalaire («grès du Khnachich»)", *C. R. somm. Soc. géol. fr.*, 1955, n° 7, p. 142-143.

Monod, Théodore. "Notes biogéographiques sur le «Djouf»", *C. R. soc. biogéogr.*, n° 298, déc. 1957, p. 99-100.

Monod, Théodore. "Majâbat al-Koubrâ. Contribution à l'étude de l'«Empty Quarter» ouest-saharien", *Mém. IFAN*, n° 52, Dakar, 1958, 407 p., 135 fig., 10 tabl., 3 cartes h. t. (I-III), 81 pl. h. t. (I-LXXXI), 4 pl. h. t. A-D (pochette couverture).

Monod, Théodore. "Majâbat al-Koubrâ" (1er supplément), *Bull. IFAN*, t. XXIII, série A, n° 3, 1961, p. 591-637, 15 fig.

Monod, Théodore. (2e supplément), *Bull. IFAN*, t. XXVI, série A, n° 4, 1964, p. 1393-1402, 3 fig.

Monod, Théodore. *Majâbat al-Koubrâ : un "Empty Quarter" ouest-saharien*, Festschrift Hermann von Wissmann, Tübingen, 1962, p. 115-125, 5 fig.

Monod, Théodore. "Majâbat al-Koubrâ" (3e supplément), *Bull. IFAN*, t. XLII, série A, n° 1, 1980, p. 201-209, 1 tabl.

Monod, Théodore. *L'Emeraude des Garamantes. Souvenirs d'un saharien*, Actes Sud, 1992, 470 p., nom. fig. (chap. XIV-XVI concernent les voyages chameliers dans la Majâbat.)

Panné, lieutenant. "Notes sur l'itinéraire Oualata-Araouane", *Rev. milit. AOF*, 4e année, n° 14, 1er juillet 1932, p. 13-14, 1 croquis h. t. au 1 : 1 000 000e.

Panné, lieutenant. "Notes concernant la région d'Aratane et le nord de l'Aouker", *Rev. milit. AOF*, 4e année, n° 14, 1er juillet 1932, p. 43-46, 1 croquis.

Péfontan, commandant. "Araouan", *Bull. com. ét. hist. scient. AOF*, XVI, 1933 (1934), p. 411-442, pl. I-III, 1 table et 2 cartes h. t.

Pitot, A. "Sur la structure et la morphologie interne de quelques plantes désertiques", *Bull. IFAN*, XVIII, série A, n° 4, 1956, p. 1054-1085, 26 fig.

Sevenet, lieutenant. "Etude sur le «Djouf» (Sahara occidental)", *Bull. IFAN*, V, 1943 (1948), p. 1-25, 3 fig., 1 croquis.

TABLE

ACTES SUD TERRES D'AVENTURE

CATALOGUE COMPLET
DES TITRES DISPONIBLES

Vladimir Arseniev
AUX CONFINS DE L'AMOUR

Alan Booth
LES CHEMINS DE SATA

Alvar Nuñez Cabeza de Vaca
RELATION DE VOYAGE (1527-1537)

Erskine Caldwell
A L'OUEST DU MISSISSIPPI

Jean-Marc Durou
L'EXPLORATION DU SAHARA

Isabelle Eberhardt
LETTRES ET JOURNALIERS

Amelia B. Edwards
UNE DAME DANS LES DOLOMITES

Didier Favre
LE VAGABOND DES AIRS

C. et P. Georgescu-Pipera
SUR LES TRACES DE FITZCARRALDO

Philip Glazebrook
FLÂNERIES OTTOMANES

Marc de Gouvenain
RETOUR EN ÉTHIOPIE
UN PRINTEMPS EN SIBÉRIE

Guido Gozzano
CARNETS INDIENS

Thierry Guinhut
LE RECOURS AUX MONTS DU CANTAL

Thorkild Hansen
LA MORT EN ARABIE
JENS MUNK

Alain Hervé
LA PROXIMITÉ FOLLE DU PARADIS

Lieve Joris
MON ONCLE DU CONGO
LES PORTES DE DAMAS
LA CHANTEUSE DE ZANZIBAR

José Lenzini
BARBEROUSSE

Jean-Yves Loude
LE ROI D'AFRIQUE ET LA REINE MER

Ma Jian
LA MENDIANTE DE SHIGATZE

Patrick Maurus
LES BOUDDHAS DE L'AVENIR

Tom Miller
LA FILIÈRE DES PANAMAS
SUR LA FRONTIÈRE

Lawrence Millman
COINS PERDUS

Théodore Monod
MÉHARÉES
PLONGÉES PROFONDES (BATHYFOLAGES)
L'ÉMERAUDE DES GARAMANTES
LE FER DE DIEU
MAXENCE AU DÉSERT

Cees Nooteboom
LE BOUDDHA DERRIÈRE LA PALISSADE
DÉSIR D'ESPAGNE
DU PRINTEMPS LA ROSÉE

Cilette Ofaire
LE SAN LUCA
L'ISMÉ

Vassili Peskov
ERMITES DANS LA TAÏGA

Gontran de Poncins
KABLOUNA
UNE VILLE CHINOISE

OUVRAGE RÉALISÉ
PAR L'ATELIER GRAPHIQUE ACTES SUD
REPRODUIT ET ACHEVÉ D'IMPRIMER
EN MARS 1996
PAR L'IMPRIMERIE FLOCH
A MAYENNE
SUR PAPIER DES
PAPETERIES DE JEAND'HEURS
POUR LE COMPTE DES ÉDITIONS
ACTES SUD
LE MÉJAN
PLACE NINA-BERBEROVA
13200 ARLES

DÉPÔT LÉGAL
1re ÉDITION : MARS 1996
N° impr. : 39194.
(Imprimé en France)